Das Buch

Ausgangspunkt der therapeutischen Überlegungen von Walter Kempler ist die Erkenntnis, daß die Familie eine Einheit ist, deren empfindliches Gleichgewicht durch Störungen der Kommunikation und der Interaktion ihrer Mitglieder leicht beeinträchtigt werden kann. Als Symptom solcher Störungen treten häufig psychische oder psychosomatische Erkrankungen auf, deren Behandlung nur dann erfolgreich sein kann, wenn nicht nur ein Familienmitglied, sondern mit ihm auch seine krankmachende soziale Umgebung, das heißt die Familie, behandelt werden. Ziel der Therapie, die Kempler auf der Gestalttherapie von Frederick S. Perls aufbaute, ist es, alle Familienangehörigen wieder zu befähigen, miteinander sinnvoll zu kommunizieren.
Walter Kempler gibt zunächst praktische Hinweise über die Indikation, die Zusammensetzung und zeitliche Gliederung für eine Familientherapie und erläutert dann die wichtigsten Punkte im Verlauf einer therapeutischen Sitzung. Er erörtert die relevanten Elemente des persönlichen Gesprächs und stellt anschließend die verschiedenen Möglichkeiten dar, wie der Therapeut sich selbst einbezieht. Kemplers Ausführungen sind einfach und klar geschrieben; durch viele Beispiele wird dem Laien wie dem Therapeuten dieses Verfahren anschaulich gemacht.

Der Autor

Walter Kempler, 1923 in New York geboren, studierte an der University of Texas, war drei Jahre lang Psychiater an der University of California in Los Angeles und hat seit 1959 seine eigene Praxis. Er gründete das Kempler-Institut, das sich der Weiterentwicklung der Familientherapie widmet, und lehrt dort sowie an vielen anderen Instituten in den USA, in Skandinavien und Holland.

dtv dialog und praxis

Bruno Bettelheim: Kinder brauchen Bücher (15000)
Jerome D. Frank: Die Heiler (15001)
Arnold Lazarus/Allen Fay: Ich kann, wenn ich will (15002)
Erich Fromm: Psychoanalyse und Ethik (15003)
Rudolf Dreikurs/S. Gould/R. J. Corsini: Familienrat (15004)
Elise Freinet: Erziehung ohne Zwang (15005)
Erich Fromm: Psychoanalyse und Religion (15006)
Bruno Bettelheim: So können sie nicht leben (15007)
Walter Kempler: Grundzüge der Gestalt-Familientherapie (15008)
Katharina Zimmer: Sie wollten nur mein Bestes (15009)
Bruno Bettelheim: Kinder brauchen Märchen (15010)

Walter Kempler:
Grundzüge der Gestalt-Familientherapie

Vorwort von Hilarion Petzold
Aus dem Amerikanischen von
Maria Bosch und Birger Goos

Klett-Cotta
im
Deutschen
Taschenbuch
Verlag

Ungekürzte Ausgabe
Juni 1985
Deutscher Taschenbuch Verlag GmbH & Co. KG, München

Titel der amerikanischen Originalausgabe:
Principles of Gestalt Family Therapy

ISBN 3-12-904910-X
Umschlaggestaltung: Boris Sokolow
Gesamtherstellung: C. H. Beck'sche Buchdruckerei, Nördlingen
Printed in Germany · ISBN 3-423-15008-4

Inhalt

Vorwort

Die Erkenntnis, daß es wenig effektiv ist, *ein* Familienmitglied – Kind oder Ehepartner – zu behandeln, beginnt sich mehr und mehr durchzusetzen. In der Familie als dem primären Sozialisationsfeld bilden sich die intellektuellen, die emotionalen und die Strukturen des Verhaltens und formieren sich zur Person. Störungen in der Familienstruktur können als die Grundlage fast aller psychischen und vieler psychosomatischer Erkrankungen angesehen werden. Die Sanierung kranker sozio-emotionaler Beziehungen in der Familie wird damit zur fundamentalen Voraussetzung der Neurose- und Psychoseprävention und einer erfolgversprechenden Behandlung einzelner Familienmitglieder. Die gesamte Familie, die Interaktion zwischen allen ihren Mitgliedern, muß in den Prozeß der Therapie einbezogen werden.

Die klassischen psychotherapeutischen Verfahren der Einzel- und Gruppentherapie haben für die komplexe Aufgabe der Familienbehandlung keine spezifischen Methoden und Instrumente entwikkelt. Erst durch die Arbeit amerikanischer Familientherapeuten aus der kommunikationstheoretischen Schule (Watzlawick, Satir) und aus dem Bereich der Gestalttherapie wurden Methoden geschaffen, die die theoretischen Grundlagen und das praktische Instrumentarium zur Behandlung ganzer Familien bereitstellen.

Das vorliegende Buch steht in dieser Tradition. Walter Kempler gehört zu den Pionieren einer integrativen, gestalttherapeutischen Familientherapie. Sein Ansatz setzt die Prinzipien der Gestalttherapie konsequent in der Behandlung ein: direkte Kommunikation, Erleben aktueller Prozesse (awareness), Einbeziehung des gesamten Feldes, Förderung von Selbstregulation und Ver*antwortung*, in einer Weise, daß die Familienmitglieder wieder fähig werden, einander zu antworten, miteinander zu kommunizieren. Die Grundannahme Kemplers, daß jede Familie in sich das optimale Potential hat, ihre Probleme und die Probleme ihrer Mitglieder zu lösen, stellt den Therapeuten in eine Position, in der er auf sein eigenes Erleben, seine eigene Mitteilungsfähigkeit und Offenheit verwiesen ist. Er handelt aus dem bewußten Erleben der Vorgänge im Hier-und-jetzt und bezieht dabei alle Anwesenden und seine eigene Person mit ein. Hier herrscht keine analytische Abstinenz, besteht keine Angst vor direkten und offenen Auseinandersetzungen, vor dem Ausdruck zärtlicher Gefühle oder vor dem Offenlegen von Bedürfnissen und Forderungen.

Kemplers Ausführungen und Beispiele sind klar und einleuchtend, manchmal fast banal. Aber gerade die einfachen, klaren Strukturen erfordern ein besonderes Können des Therapeuten. Gestalt-Familientherapie ist keine Technik, kein abstraktes Theoriengebäude, sondern ein prozeßorientiertes Verfahren, in dem das wichtigste Instrument die Persönlichkeit des Therapeuten ist. Nur wer selbst zu direkter, offener Kommunikation fähig ist, seine Bedürfnisse artikulieren und regulieren kann, nur wer keine Angst vor seinen Gefühlen oder den Emotionsausbrüchen anderer hat, wird Familientherapie im Sinne Kemplers betreiben können.

Die Gestalttherapie hat sich in Deutschland in den vergangenen Jahren mehr und mehr verbreitet. Es ist zu hoffen, daß mit der Bereitstellung geeigneter Ausbildungsmöglichkeiten auch die Gestalt-Familientherapie in die Institutionen Eingang findet. Sie bietet einen neuen Weg, die Familie wieder zu dem zu machen, was sie sein sollte: ein Ort der Sicherheit, der Auseinandersetzung und der offenen Kommunikation zwischen Menschen, die wirklich füreinander da sind.

Düsseldorf, August 1975

Hilarion Petzold
Fritz Perls Institut

Einleitung

Vor einigen Jahren ging ich mit meinem kleinen Sohn Adam am Hafen entlang. Wir unterhielten uns angeregt über die verschiedenen Arbeiten am Kai. Da machte er eine Bemerkung über hydraulische Löschverfahren, die ich unglaublich klug fand für seine fünf Jahre. Ich zeigte ihm mein Erstaunen, und er antwortete verständig: »Oh, ich weiß alles. Nur manchmal muß ich daran erinnert werden.«

Adam, in seiner Unschuld, legte nicht nur den alten Hindu-Glauben aus, daß alles Wissen in uns verschlossen liegt und darauf wartet, »ins Bewußtsein gerufen« zu werden, sondern er erinnerte mich auch an den Sinn der Familie.

Wenn Eltern streiten und ein Kind Partei ergreift, dann muß das Kind daran erinnert werden, sich rauszuhalten. Und wenn Eltern ihre Kämpfe immer durch nachträgliche nächtliche Schlafzimmerschlachten verbergen, muß sie der Therapeut daran erinnern, daß sofortige Reaktionen besser sind und es für die Kinder nützlich sein kann, Zeugen der manchmal notwendigen, quälenden Auseinandersetzungen im engsten Lebensbereich zu sein.

Eine Familie kann man mit einem Archipel vergleichen: mit einem Haufen Inseln, die umgeben sind von gewöhnlichem Wasser der Zeit, das gleichmäßig dem Meer der Ewigkeit entgegenfließt. Die verschiedenen Formen dieser nebeneinandergestellten Inseln schaffen eine ganz bestimmte Strömung: eine Strömung, die wiederum die Konturen – die Persönlichkeit – von jeder einzelnen beeinflußt.

Auf diese beeinflussenden, unsichtbaren Strömungen achtet der Familientherapeut, und es ist seine Aufgabe, die Inseln aufeinander aufmerksam zu machen (sie sich gegenseitig »ins Bewußtsein zu rufen«) – ihnen die widrigen Strömungen aufzuzeigen, die verantwortlich sind für die schmerzlichen und unnötigen Erosionen an Menschen innerhalb dieser Archipelfamilie.

Ein Familiengespräch ist für den Therapeuten ein Hilfsmittel, um jene verschiedenen Strömungen sichtbar zu machen. Wenn Familienmitglieder miteinander reden – ganz gleich worüber –, werden beide deutlich: die heilsamen und die zerstörerischen Einflüsse.
Indem er die Kräfte benutzt, die dauernd in jedem von ihnen wirken, macht der Therapeut sie auf die vergessenen Wünsche aufmerksam, um sie dann ihrer wahren Bestimmung zuzuführen. Ausbrüche von Wünschen und Protesten werden die therapeutische Szene bestimmen und neue Perspektiven und belebendes Miteinander zurücklassen. Und wenn der Therapeut wirklich erfolgreich ist, wird auch er sich verändert haben.

Familiendiagnosen

Es kann keine passende Terminologie geben, um Familien zu definieren, nicht weil so viele Faktoren im Spiel sind, obgleich das Grund genug wäre, sondern weil man überhaupt nicht wirklich über die Familien spricht, wenn man sie beschreibt: Man spricht nur über seine eigene Sicht – so wie man selbst das Geschehen sieht und beurteilt.
Fachausdrücke wie »Geschwisterrivalität« sind nutzlos: Sie besagen nichts. Eltern kommen und sagen: »Es gibt zu viel Reibereien zwischen unseren Kindern.« Und das Etikett, das der Therapeut gebraucht, nämlich »Geschwisterrivalität«, wiederholt nur noch mal die Bemerkung der Eltern. Es gibt keinen Hinweis darauf, daß die Eltern abgedankt haben, wenn Kinder übermäßig miteinander streiten. »Elterliche Entthronung« wäre vielleicht eine bessere Diagnose. Aber auch sie – obwohl sie ins Schwarze trifft – besagt wenig.
Genauso sind Begriffe wie »Doppelbindung« (double bind) oder »Sündenbock« (Prügelknabe) nutzlos und verwirrend. Solche Rollen und Muster finden sich in jeder Familie. Doppelbindung ist ein Aspekt, der allen Beziehungen innewohnt, nicht nur bestimmten Familien. Sie spiegelt den untergründigen paradoxen Wunsch, beides zu sein: zusammen und weg voneinander – sich vereinen und sich trennen – das Los eines jeden Menschen. Manche können es besser als andere. Es ist witzlos, darüber zu reden. Das gleiche gilt für den Sündenbock.

Es bringt nichts, eine Beziehung als Sündenbockverhalten zu bezeichnen. Von dem ältesten Kind einer Einwandererfamilie, das die neue Sprache zuerst gelernt hat, anerkannter Wortführer der Familie ist und später ein erfolgreicher Sprachwissenschaftler wird, könnte man genauso sagen, daß es zum Prügelknaben gemacht wurde. Die Dynamik ist dieselbe. Wem nützt es, solche Bezeichnungen zu gebrauchen?

Wenn ein diagnostisches Etikett oder eine Beschreibung Wert haben soll, muß sie wegweisend sein; dann muß sie uns durch die Erkenntnis, die sie ermöglicht, aus den Schwierigkeiten herausführen und nicht hinein. Sonst kommt es so, daß wir einander wissend zunicken und zufrieden feststellen: »Ja, ja, wieder so ein Fall von Sündenbock!«

Diagnosen sind Grabsteine für die Enttäuschungen des Therapeuten. Anschuldigungen wie z. B. Abwehr, Widerstand und Sekundärgewinn sind Blumen auf dem Hügel seiner begrabenen Unzufriedenheit. Keiner ist Sündenbock, keiner defensiv, keiner will sein selbstzerstörerisches Benehmen. Jeder, der in die Therapie kommt, einschließlich der zögernden Familienmitglieder, ist motiviert. Das einzige, was der Therapeut bieten kann, ist die Fähigkeit einzuwirken. Muß schon eine Diagnose sein, dann gibt es nur eine: Der Therapeut ist inkompetent.

In dem Maße, wie die Geschicklichkeit des Therapeuten zunimmt und sich seine Sichtweise verändert, wird sein Verhalten effektiver werden. Was dann heute ein »unmöglicher« Typ Eltern ist, wird morgen als gesunde Eltern erlebt, die einer einfachen aber wirksamen Hilfe bedürfen. Das heißt: Der Therapeut ist besser geworden. Was jetzt als schwierige Familie erscheint, kann dann als spannende erlebt werden. Das heißt: Der Therapeut hat dazugelernt.

Er braucht sich auch nicht seiner Inkompetenz zu schämen. Sie zu erkennen, bedeutet den Beginn eines Kampfes, der – wenn er erfolgreich ist – nie ganz gewonnen wird. Genausowenig braucht er Schuldgefühle zu haben für die vielen Jahre, wo durch fantastisch klingende Namen wie »Diagnose« und unbewiesene Behauptungen wie »Abwehr« und »Widerstand« Urteile über den Patienten gefällt wurden.

Wenn der Therapeut erst die Enttäuschung über seine eigene Begrenztheit erkannt und mitgeteilt hat, wird das Diagnostizieren verschwinden – genau wie allmählich seine Inkompetenz.

Entdecker beginnen mit spezifisch persönlichen Erfahrungen, machen allgemeine Äußerungen, die sie an die Welt loslassen, um sich dann wieder dem zuzuwenden, was vor ihnen liegt. Wegen ihres ihnen eigenen Wertes werden abgelegte (veröffentlichte) Verallgemeinerungen von Unglücklichen gierig aufgegriffen und benutzt, um sich selbst Sand in die Augen zu streuen. Viel unproduktive Zeit wird munter vergeudet, indem ausprobiert wird, wie weit Verallgemeinerungen gehen können. Die sogenannten Pubertätsjahre z. B. werden mehr gemessen als untersucht.

Der richtige Weg ist der des Entdeckers: vom Konkreten zum Allgemeingültigen. Dieses Buch befaßt sich nicht mit Verallgemeinerungen über das Familienleben. Es leitet den Leser an, nach seinen eigenen Besonderheiten zu suchen: sein eigener Entdecker zu sein. Es will ihn anspornen, selbst herauszufinden, ob der Jugendliche vor ihm auf der Suche ist nach seiner Identität oder Emanzipation, ob er sich hinter etwas verschanzt – oder wie immer der Therapeut es nennen mag, was sich zwischen ihnen abspielt; und es will helfen, die vorgefaßten Meinungen anderer zu ignorieren.

Zusätzlich will es anregen, daß er den Prozeß als etwas sieht, was beide angeht. Daß er weiß, daß er und wer immer sich im Augenblick gegenübersitzt, etwas Neues schaffen, ganz gleich wie man dies Phänomen nennen mag. Dadurch werden Konzepte wie »Pubertät« ersetzt durch eine besondere, persönliche, unverwechselbare Entdeckung wie »Pauls Mutter ist wütend über Paul, daß er sich neuerdings innerlich von der Familie lösen will. Sie weiß nicht so recht, wo sie die Grenze ziehen soll, ihm seinen Willen zu lassen oder nicht. Ich wünschte, Vater würde ihr mehr helfen, statt nur um Frieden und Ruhe im Haus zu bitten. Ich vertraue Paul und glaube, daß er weiter geht, als er selbst möchte, um von seinem Vater Führung und Interesse zu bekommen. Im Augenblick gibt es Mutters Sorgen und Vaters Uninteressiertheit, Pauls Herausforderungen und meine (des Therapeuten) Auffassung, daß Mutter sich an Vater um Hilfe wenden sollte, statt mit Paul zu kämpfen. Und wir alle kämpfen zusammen, um eine Lösung zu finden, die jeden von uns befriedigt. Ich bin gespannt, ob Mutter klar ist, wie prächtig ihr der

Paul geraten ist. Ich muß daran denken, es ihr nächstesmal zu sagen. Vielleicht macht das ihre Sorgen ein bißchen kleiner...«
Solche »Diagnosen« mögen den strahlenden Glanz knapper Formulierungen vermissen lassen, aber: Indem wir unsere eigenen Gedanken sofort mit in unsere Arbeit einbringen, statt daß wir versuchen, sie zu verallgemeinern, wird die Arbeit aufregender, die Frucht unserer Mühe befriedigender und das Risiko, unsere Kollegen zu blenden, weniger groß.

Gestalt- – Gestalt-Erlebnis- – Erlebnis-Therapie

Als Fritz Perls und ich uns trafen, spielte er mit dem Gedanken, seine Arbeit »Gestalt-Therapie« zu nennen, während ich meine Arbeit einfach »Familientherapie« nannte. Wir hatten viel gemeinsam und haben für kurze Zeit zusammen gearbeitet. Wir glaubten z. B. beide, daß, biographische Anamnesen aufzunehmen, zwecklos und Analyse ablenkend sei. Wir sahen die existentielle Begegnung – das Treffen von Angesicht zu Angesicht im unmittelbaren Augenblick – als die wesentliche Kraft im therapeutischen Prozeß an.
Obwohl wir uns theoretisch einig waren, trennten wir uns bei der Frage des persönlichen Engagements. Fritz fand es bequemer, mit dem Modell des »heißen Stuhls«* (hot seat) zu arbeiten, das ihn von spontaner Begegnung ausschloß, während ich beharrlich jedem Therapeuten, Fritz eingeschlossen, entgegentrat, der sich hinter irgendeinem Hilfsmittel versteckte.
Nicht, daß Hilfsmittel oder taktische Tricks per se schlecht seien. Sie können höchst nützlich sein. Ich wehre mich gegen das Sich-Verstecken. Taktische Tricks können den Therapeuten so leicht vor unbequemer Entlarvung und der Vorstellung eigener Verletzlichkeit bewahren. Da ich glaube, daß die Fülle therapeutischer Erfahrung direkt abhängig ist von der Gegenseitigkeit in der Begegnung (obgleich nicht *nur*), halte ich die »Taktik« des Therapeuten für die größte Gefahr für den therapeutischen Prozeß.
Eine Zeitlang nannte ich meine berufliche Aktivität »Gestalt-

* heißer Stuhl = der Stuhl, auf den sich der Klient setzen muß, damit der Therapeut mit ihm arbeitet.

Familientherapie«. Als Fritz und ich uns beruflich trennten – geistig haben wir uns nie getrennt –, schwankte ich: Sollte ich von Erlebnis-(Experiential) oder von »Gestalt-Erlebnis-Therapie« sprechen. Ich fühlte mich Fritz weiterhin verwandt, wollte aber auch die Wechselseitigkeit der Erfahrungen zwischen Therapeut und Patient betonen. Heute glaube ich, daß dieser Unterschied zwischen Fritz und mir sehr gering ist, wenn er überhaupt besteht.

In seinen letzten Jahren warnte Fritz vor dem Aufkommen der »Gestalt-Zauberer«, die er beobachtete. Auch hat sich für mich, seit wir uns trennten, das Geheimnis dieser eigenartigen Ehe zwischen seiner Effektivität und seinen »Kniffen« gelöst. Fritz wußte, daß er durch »Kniffe« seine Arbeit ergänzte. Er gebrauchte sie, aber er litt an ihnen. Fritz war ein durch und durch ehrlicher Mensch. Zum Unglück für ihn und diejenigen, die ihn liebten, konnte Fritz nur allein leiden – für sich. Die Konsequenzen dieser Tatsache bildet heute ein ernstes Problem in der »Gestalt-Bewegung«. Viele seiner Bewunderer, die den Erfolg seiner »Tricks« gesehen und persönlich erfahren haben, ohne das Leiden dieses Mannes geteilt zu haben, versuchen, ihn einfach nachzuahmen.

Fritz war ein Spezialist. Sein Genius beruhte auf der Fähigkeit, seine Unabhängigkeit zu bewahren, und offenbarte sich in dem Geschick, anderen, die es nötig hatten, zu ihrer Unabhängigkeit zu verhelfen.

Aber wenn es ums Miteinander ging – der anderen Seite des Lebens –, widersetzte er sich oder war hilflos. Darum zog er meist jene an, die um Unabhängigkeit kämpften, und solche, die Ermutigung in ihrer festgefahrenen Unabhängigkeit brauchten. Das Ergebnis ist, daß die »Gestalt«-Entwicklung im Augenblick durch zuviel Betonung von »Ich bin ich« aus dem Gleichgewicht geraten ist. Der genauso nötige und schwierige Kampf ums Miteinander wird nicht annähernd genug gewürdigt. Obgleich geglückte Trennung die beste Vorbereitung für ein Miteinander ist, darf der Therapeut seine Arbeit nicht an dem Punkt beenden. Weder Trennung noch Miteinander ist Ziel des therapeutischen Prozesses, sondern eher das Aufmerksammachen auf das endlose, oft schmerzliche Auf-und-Ab zwischen ihnen.

Wenn das Modell des »heißen Stuhls« wie alle anderen jetzt bekannten Taktiken und Ausdrücke (z. B. »Was machst du jetzt mit mir?«) als die schwer erarbeiteten Taktiken des beruflichen Fritz, und die Betonung der Unabhängigkeit als Teil des Karma vom persönlichen Fritz verstanden werden, dann kann diese Bewegung, die sich um sein Leben kristallisierte, darin fortfahren, bessere Wege zu finden (therapeutische, wenn das jemandem lieber ist), um einander im schöpferischen Stil seines Lebens – offen für Erfahrungen – zu begegnen, statt in der Nachahmung seiner besonderen Art zu arbeiten. Dann gibt es für mich keinen Unterschied zwischen *Gestalt-*, *Gestalt-Erlebnis-* und *Erlebnis-Therapie*.

Man mag fragen: »Wie ist es denn dann möglich, einen Gestalttherapeuten zu erkennen?« Hoffentlich nicht zu einfach. Gewiß nicht durch die Popularität seiner Techniken, die er benutzt. Aber vielleicht durch die Einzigartigkeit und die Echtheit, mit der sie gelebt werden.

Mein Leben beginnt mit Wir.
Wenn das Wir aufhört, entdecke ich das Du-und-Ich.
Manchmal sehne ich mich nach dem Wir, manchmal ziehe ich das Du-und-Ich vor.
Manchmal reicht keines von beiden und Verlangen erfüllt mich.

Dann gibt es Dinge, die zu tun ich lernen kann:

Ich kann lernen, mehr zu sprechen, wenn ich will.
Ich kann lernen, »Nein!« zu sagen, wenn ich nicht will.
Ich kann lernen, auf etwas zu bestehen, oder es zu lassen.

Und ich kann trauern, wenn ich schließlich mein Verlangen aufgeben muß.

Ohne Dich kann ich nicht lernen.
So oder so, ich muß durch Dich lernen: mit Dir.
Allein kann ich nur schreien und ächzen.

Wenn Du Not leidest, kommst Du zu mir (ich wär' gestorben, hättest Du's nicht getan).

Und wenn wir in Berührung kommen,
wird es mir möglich zu lernen,
was ich lernen kann.

Und Dich nenn' ich meine Familie.

Familie – das ist das imperative Du: der entscheidend wichtige andere.
Familie ist eine Art von Verwandtsein, ungefähr so nahe wie die Familie, in der man lebt.
Die sichtbare Familie als kollektives, eingeborenes Du für jedes seiner Mitglieder wieder herzustellen oder zu entwickeln, ist die Aufgabe des Gestalt-Familientherapeuten.

I. Grundinformationen für Anfänger

Gestalt-Familientherapie ist ein Modell für die Behandlung eines gestörten Menschen im Beziehungsfeld der Familie. Zentraler Ausgangspunkt dieses Modells ist die Annahme, daß ein Mensch mit einem Symptom – gleichgültig was für ein Symptom es ist: ein physisches, ein psychisches oder ein zwischenmenschliches – einfach sagt: »Oh, ich habe Schwierigkeiten in meiner Familie.«
Diese Sichtweise beruht auf der Idee, daß im normalen zwischenmenschlichen Verhalten Distanz und Verschiedenheit vorkommen, welche ihrerseits wiederum Gemeinsamkeit möglich machen: Wenn dieser auf- und abwogende Prozeß in Fluß ist, treten bei Familienmitgliedern nicht dauernd Symptome auf.
Ziel der Gestalt-Familientherapie ist es, die Familie zu befähigen, ihrer spezifischen Funktion wieder gerecht zu werden, nämlich der, wichtigste Hilfsquelle für die persönlichen Bedürfnisse ihrer Mitglieder – Erwachsener und Kinder gleichermaßen – zu sein.
Das Handwerkszeug des Therapeuten besteht aus gesundem Menschenverstand, etwas Geschick, ein vertrauliches Gespräch zu führen, und der Bereitschaft, sich persönlich zu engagieren.

1. Indikationen für Familientherapie

Familientherapie wird jedem Erwachsenen empfohlen, der eine Verbindung mit einem Partner eingegangen ist und der sich in Bedrängnis fühlt, unabhängig von der Art des Symptoms. Die beiden Partner eines Paares üben einen starken wechselseitigen Einfluß auf ihr Verhalten zueinander aus. Um diesen Einfluß geht es in der Behandlung.

Ich hab' Kopfschmerzen.
Mein Mann und ich streiten uns unaufhörlich.
Ich bin immer so nervös.

Seit meine Mutter starb, hab' ich Depressionen.
Meine Schwiegermutter zerstört unsere Ehe.

Die dargelegte Grundannahme gilt, auch wenn das Symptom der Beziehung vorausgeht und einzig in seiner Art zu sein scheint.

Seit ich Teenager bin, wieg' ich zuviel.
Ich kann nicht mit dem Spielen (Rauchen, Trinken, etc.) aufhören.
Ich bin bi-sexuell, und das macht mir viel Schwierigkeiten.
Meine Frau weiß es nicht, und ich möchte auch nicht, daß sie es erfährt. Unsere Beziehung ist gut. (absurd!)

Sie umfaßt auch laufende Schwierigkeiten, die außerhalb der Familie zu liegen scheinen.

Mein Bewährungshelfer schickte mich.
Meine Patienten machen mich verrückt.

2. Wann Kinder mitbehandelt werden sollen

Wenn ein Kind Symptome zeigt oder an dem angesprochenen Problem beteiligt ist, sollen Eltern und alle zu Hause lebenden Kinder kommen.

Perry, unser Achtjähriger, näßt noch ein.
Wir haben eine zurückgebliebene Tochter.
Ich fürchte, daß ich meinen Kindern nicht gut tue.
Unser Fünfzehnjähriger lief letzte Woche von zu Hause weg.
Linda hat Schulsorgen, und der Schulpsychologe schlug eine Therapie vor.

Es gibt kein Problem, das auf ein Kind beschränkt ist. Schädliche Familieneinflüsse – wenn auch ungleichmäßig verteilt – berühren jeden. Jede Familie bildet ein Mosaik, in dem alle Mitglieder in einem bestimmten Verhältnis zueinander stehen. Eine Familie mit einem »bösen« Kind zum Beispiel wird unweigerlich ein »gutes« Kind haben, dessen Benehmen – obgleich weniger verärgernd – auch selbstzerstörerisch ist.

3. Wann Kinder nicht in die Therapie sollen

Wenn Eltern sich erfolgreich mühen, eine befriedigende Beziehung zwischen sich zu schaffen, ist die Atmosphäre in der Familie »nährend« für die Kinder, und sie werden nicht ständig irritiert.

Um ein extremes Beispiel zu nennen: Ein zurückgebliebenes Kind muß nicht ein gestörtes Kind sein. Ein zurückgebliebenes Kind kann außergewöhnlich störend in der Familie sein, aber wenn die Eltern in guter Beziehung miteinander leben, wird Hilfe gesucht und Ausgleich geschaffen, wo es nötig ist.

Merke: Eltern müssen nicht erfolgreich sein – sie müssen sich nur erfolgreich mühen. Das bedeutet, daß sie weder im kalten Krieg verharren, noch zu Kompromissen bereit sind, die nichts bringen, als daß sie Kinder beeinträchtigen oder mißbrauchen.

Weil das gesunde Abmühen von Eltern auf der Suche nach gegenseitiger befriedigender Beziehung als die einflußreichste Aktivität in der Familie angesehen wird, bleibt dies das Hauptziel aller therapeutischen Anstrengungen, nicht unter Ausschluß von allem anderen, aber als ständiger Bezugspunkt für alle Arbeit.
Kinder mit Symptomen werden leicht als Schachfiguren betrachtet und im Netz elterlicher Unverträglichkeit gefangen gehalten. Sobald sie daraus befreit werden können, und es klar ist, daß sie aus dem elterlichen Konflikt herausgehalten werden können, kann man sie aus der Behandlung entlassen. (Spätere Teilnahme ist auf Wunsch möglich oder auch dann, wenn es um ein schwerwiegendes Thema in der Therapie geht, das ein Kind direkt betrifft.)
Ob Kinder bleiben oder aus der Behandlung entlassen werden – immer werden sie als eine Einheit für sich gesehen.

Ausnahme: Ein Kind, das noch nicht sprechen kann, mag ausgenommen werden, wenn es nicht als Teil des Problems identifiziert wird und sein Benehmen störend ist.

Außerordentliche Umstände können weitere Modifikationen der Grundregel erfordern – z. B. ein Kind, das in einem Internat ist, ein nicht in Mitleidenschaft gezogener Teenager, der aus dem elterlichen Haus ziehen will, ernstliche elterliche Einwände –, aber in der Regel sollten solche Ausnahmen abgelehnt werden.

Ausnahme: Wenn Eltern kommen und nur Anleitung haben wollen, wie sie das Problem mit einem Kind handhaben können, dessen Verhalten sie stört – und sie bleiben unbeirrt bei diesem Ziel, trotz

Beratung durch den Therapeuten –, dann sollen alle Kinder zu der zeitlich begrenzten Therapie kommen.

4. Einzelsitzungen

Vermeide, wenn es möglich ist, Einzelsitzungen. Sie können unnötige Eifersucht und nutzlosen Argwohn hervorrufen und bringen den Therapeuten in die Rolle eines Mitwissers von Geheimnissen. Besser ist es, in einer Familiendiskussion das Problem der Einzelsitzungen zu beraten. So ein Gespräch kann für alle, auch für den, der Einzelsitzungen wollte, von größerem Wert sein, als eine geheime Offenbarung gegenüber dem Therapeuten.
Gewährt man jedoch die dringende Bitte um eine Einzelsitzung, wird der Therapeut vorsichtig sein in bezug auf Bemerkungen, die Geheimhaltung verlangen. Selbst so beiläufige Bemerkungen wie

Es ist so entspannend hier ohne Familie

kann man am besten angehen mit

Sagen Sie das später Ihrer Familie. Was wollen Sie *mir* damit sagen? ...

Ein Bekenntnis von Untreue ist oft ein sorgfältig gehütetes Geheimnis. In solchem Fall ist es nötig, den Unterschied zwischen angemessener Privatsphäre und schädlicher Heimlichkeit aufzuzeigen. Es gibt nur *ein* potentiell schädliches Geheimnis in der intimen Beziehung: Gefühle, Gedanken und Verhalten in bezug zum anderen zurückzuhalten. Alles andere ist privat und kann mitgeteilt werden oder nicht. In Diskussionen – wie oben erwähnt – ist ein Gespräch mit dem Ehepartner über das, was in ihrer Beziehung fehlt, besser, als dem Therapeuten (oder in diesem Fall dem Gatten) zu erzählen, was woanders möglich ist.
Alles was gesagt wird und ein Familienmitglied betrifft, wird auf die nächste Familiensitzung verschoben, und das Einbringen liegt dann im Ermessen desjenigen, der zuvor davon sprach.

Ehefrau: Es gibt so vieles, was ich nicht mit meinem Mann besprechen kann.
Therapeut: Ich schlage vor, daß Sie darüber in der nächsten Sitzung mit ihm sprechen.

5. Der widerstrebende Angehörige

Wenn sich ein Kind weigert zu kommen, ist es für die Eltern belastend, darauf zu bestehen. Solches Insistieren trägt in sich selbst therapeutische Folgen. Genauso ist es für den Therapeuten belastend, darauf zu bestehen, daß die Eltern diese Aufgabe erfolgreich durchführen.

Wenn in einer Familie z.B. die Disharmonie besonders mit einem Kind zu tun hat, das beinahe erwachsen ist und sich weigert teilzunehmen, kann der Therapeut sehr wohl zur Klärung der Situation des Kindes innerhalb der Familie beitragen, wenn er folgendes vorschlägt: Wird der Heranwachsende als Familienmitglied betrachtet, so geht ihn die Lösung der Familienprobleme etwas an und er nimmt an den Sitzungen teil. Andernfalls verläßt er sein Elternhaus oder wandelt seinen Status in den eines Untermieters um, der Miete zahlt und frei ist zu kommen und zu gehen, wann er will. So ein ziemlich hart erscheinendes Verhalten kann einen heilsamen Effekt auf alle Familienmitglieder haben, weil es zu einer Ablösung mit den fast erwachsenen Kindern verhilft. Zweifellos würde diese Auseinandersetzung einen Teil – vielleicht den größten – der Schwierigkeiten dieser Familie unmittelbar beeinflussen.

Wenn der Zögernde ein Ehepartner ist, kann der Therapeut direkt vermitteln, indem er ihn persönlich zu einer Einzelsitzung einlädt, wann es dem Betreffenden paßt. Dann wird der Therapeut, ganz gleich welches Thema den Vorrang hat (möglichst nicht der Widerstand) versuchen, den Widerstrebenden zur Mitarbeit zu bewegen. Mangel an Bereitschaft zum Mitmachen wird in der Familientherapie im allgemeinen dadurch verursacht, daß der Betreffende entweder fürchtet, beschuldigt zu werden, zusätzliche persönliche Belastungen auf sich zu laden oder daß er Vorbehalte gegen Therapie als solche hat. Gleichgültig was dahinter steckt: Das Erlebnis, während der Sitzung etwas beitragen zu können, was für die Familie von Wert ist, läßt das Zögern oft verschwinden.

Wenn sich der Ehepartner auch noch nach dem Interview weigert, an der Familientherapie teilzunehmen, muß der Therapeut abwägen, ob er (entgegen seiner eigenen Ansicht) auch ohne die Gegenwart des einen Partners für die Familie von Wert sein kann. Er kann diesen Punkt erfolgreich mit allen durchsprechen, und alle zusammen »basteln« an einer Entscheidung.

6. Zeitliche Gliederung und Häufigkeit von Sitzungen

Mehrstündige Sitzungen, die dann anberaumt werden, wenn sich spezielle Schwierigkeiten ergeben, sind den traditionellen einstündigen Zusammenkünften einmal wöchentlich vorzuziehen.
Aufeinander folgende Zusammenkünfte sind speziellen Anlässen vorbehalten. Es gibt drei:
1. wenn die Sitzung wegen Ermüdung beendet wird und nicht, weil das Problem gelöst ist,
2. um Ziele, die schon erreicht sind, zu verstärken oder zu sichern,
3. um auf eine andere Ebene zu kommen, auf der ein stabilerer Abschluß gewährleistet ist.

Abschluß bedeutet, daß eine Familie eine gewisse Fertigkeit im Lösen von Problemen erreicht hat, die sie zumindest in bezug auf das Problem, das sie zum Therapeuten brachte, anwenden kann.
Wenn die Familie aufhören möchte, während der Therapeut glaubt, daß mehr erreicht werden könnte, um das ständige erfolgreiche Mühen der Familie zu sichern, so sagt er es und gibt Einzelheiten an:

Therapeut: Ich freue mich, daß zu Hause mit den Kindern alles klappt. Aber daß Sie hier aufhören wollen, macht mir ein bißchen Sorge. Ich habe das Gefühl, daß Sie sich gegenseitig zu wenig um Rat fragen und sich zu wenig vertrauen. Zum Beispiel, wenn ...

Eine daran anknüpfende gründliche Diskussion entscheidet dann über das Schicksal der Therapie.

7. Familientherapie für Alleinstehende

Menschen, die allein und ohne vertrauten Gefährten leben, können viel profitieren, wenn Sie in eine zeitlich begrenzte »Familie« hineingenommen werden: in eine Gruppe. Solche Gruppen werden ermutigt, sich wie eine Familie zu verhalten. Sie treffen sich freiwillig außerhalb der offiziellen Therapiesitzungen und befassen sich ernsthaft mit der Art und Weise ihrer Beziehungen zueinander, wie sie diese während der Sitzungen erlebt haben. Wenn ein Gruppenmitglied einen Partner gefunden hat, wird ihr oder ihm zugeredet, die Gruppe zu verlassen, um frei zu sein für die neue Partnerschaft. Sollten erhebliche Schwierigkeiten zwischen ihnen auftreten, wird man ihnen raten, gemeinsam einen Therapeuten aufzusuchen.

II. Der Verlauf einer therapeutischen Sitzung

Die familientherapeutische Sitzung kann mit einem Schlachtfeld verglichen werden, auf dem jeder Anwesende, der Therapeut eingeschlossen, aufgefordert ist, größtmögliche Anstrengungen zu unternehmen, um jedes angesprochene Problem zu lösen. Dieser Kampf hat jedoch im Gegensatz zu den meisten anderen Kämpfen ein ganz besonderes Ziel: einen Sieg jedes einzelnen auf niemandes Kosten. Auch die Waffen sind einmalig: Selbstenthüllung und der Mut, verwundbar zu sein.

Der eigentliche Kampf findet zwischen den Familienmitgliedern statt. Es sind ihre Probleme, die gelöst werden müssen und es ist ihr Kampf, der geführt werden muß. Nur von Zeit zu Zeit und aus ganz besonderen Gründen beteiligt sich der Therapeut am Kampf; dann weitet sich der Kampf für kurze Zeit aus, indem die Person des Therapeuten in ihn miteinbezogen wird. Aber zum größten Teil ist es der Kampf der Familie und er ist im Rahmen des Familiengesprächs auszufechten.

Der erste Konflikt, der von der Familie angeschnitten wird, gewöhnlich der Anlaß, der sie dazu bewegt hatte, Therapie zu erwägen, ist meistens nicht das eigentliche Problem: Er ist ein Signal, ein verspäteter Schrei persönlicher Qual. Die Frage, wie man in einer Familie miteinander umgeht, ist für den Therapeuten immer die zentrale.

Wie ein Mechaniker, der wegen eines außergewöhnlichen Motorengeräusches angesprochen wird, lieber den Motor aufheulen läßt, als daß er einer längeren Beschreibung des störenden Geräusches zuhört, so beginnt der Familientherapeut lieber mit einem Familiengespräch als daß er sich eine Geschichte anhört.

1. Der Beginn eines Familiengespräches

Das Gespräch unter den Familienmitgliedern hat zwei Funktionen: Es offenbart nicht nur gestörte Beziehungsmuster, sondern dient der Familie gleichzeitig als Werkzeug fortschreitender Problemlösung. Konsequenterweise lenkt der Therapeut so schnell wie möglich die Aufmerksamkeit der Familienmitglieder auf sich untereinander, wenngleich zu Anfang Aussagen vorwiegend an ihn gerichtet werden. Dies erreicht er durch Aufdecken der unterschiedlichen Meinungen der Familienmitglieder und indem er darauf drängt, daß sie sich darüber unterhalten.

Mutter: Unser 15jähriger Sohn Jim hat uns in letzter Zeit viel Sorgen bereitet.

Je gesünder die Familie ist, um so bereitwilliger sprechen die Mitglieder miteinander. Würde zum Beispiel Jim sofort auf die Anklage seiner Mutter antworten: »Das ist nicht wahr!«, so zeigte das, daß er beides besitzt: Selbstvertrauen und die Hoffnung, gehört zu werden. Nehmen wir an, Jim steigt nicht von selbst in das Gespräch ein:

Therapeut: (auffordernd zu Jim) Bist du auch der Meinung, Problem Nummer eins eurer Familie ist der Unruhestifter Jim?
Jim: Eigentlich nicht.
Therapeut: Sag ihr (der Mutter), wo deiner Ansicht nach das Problem liegt.
Jim: Es hat keinen Sinn.
Therapeut: (zur Mutter) Haben Sie irgend etwas zu seiner Hoffnungslosigkeit zu sagen?
Mutter: Ich glaube, wir haben alles gesagt, was zu sagen ist.

Familienmitglieder lassen sich oft nur zögernd aufeinander ein, besonders zu Beginn der Behandlung. Der Therapeut beharrt darauf, indem er sich, wenn nötig, selbst dazu anbietet.

Therapeut: (zu Jim) Ich möchte gerne wissen, was deiner Meinung nach das Problem ist, Jim.
Jim: Sie sind zu unbeweglich.

Oft stehen beide Eltern auf einer Seite und bilden eine Front. Es ist besser, wenn der Kampf in alle Richtungen offen ist.

Therapeut: Beide ganz gleich?
Jim: Mutter mehr als Vater.
Therapeut: Dann kannst du vielleicht von ihm Hilfe bekommen.
Jim: Er ist zu schwach. Er gibt ihr immer recht.
Therapeut: (zum Vater) Sehen Sie das auch so?
Vater: Natürlich nicht.
Therapeut: Sie sagten es ihm nicht.

Familien mit einem ständig psychosomatisch gestörten Erwachsenen sind zu Beginn besonders schwierig. Der psychosomatisch gestörte Elternteil hat die intensivste persönliche Beziehung zum Symptom, während der Rest der Familie auf beides Rücksicht nimmt, sowohl auf das Symptom als auch auf die Beziehung zu ihm.

Ehefrau: Ich habe dauernd fürchterliche Kopfschmerzen. Ich habe sie immer gehabt, seit ich mich erinnern kann.
Therapeut: Wer bereitet Ihnen zur Zeit am meisten Kopfschmerzen?
Ehefrau: (kühl lächelnd) Niemand. Zuhause ist alles in bester Ordnung.
Therapeut: Ich erwarte nicht, daß Sie mir glauben. Aber wenn zu Hause alles besser läuft, werden Ihre Kopfschmerzen bald verschwinden. Sagen Sie mir jetzt etwas, was besser werden könnte (Gewöhnlich nennen psychosomatisch Gestörte darauf etwas Mechanisches, wie etwa: „Nun, ich könnte eine neue Geschirrspülmaschine gebrauchen", deshalb ist es besser, hinzuzusetzen:) zwischen Ihnen und Ihrem Mann.
Ehefrau: Mir fällt nichts ein.
Therapeut: Vielleicht kann Ihnen Ihr Mann dabei helfen?
Ehefrau: Fällt dir etwas ein, Schatz?
Ehemann: Ich denke, es ist alles in Ordnung.

Obwohl die Familie an einer einheitlichen Stellung gegenüber dem Therapeuten festhält, muß es unterschiedliche Grade des Gewinns geben, den die einzelnen Mitglieder daraus ziehen, daß sie das Symptom in der Familie behalten. Gerade diese Unterschiede versucht der Therapeut herauszufinden.

Therapeut: Alles perfekt?
Ehemann: Nichts ist perfekt.
Therapeut: Was ist in Ihrer Ehe nicht perfekt?
Ehemann: Nun, die Kopfschmerzen meiner Frau lassen es oft nicht zu, daß wir etwas tun oder irgendwohin gehen.

Therapeut: Ich wette, Sie haben das gut eingespielt.
Ehemann: Sie kann nichts dafür, wenn sie Kopfschmerzen hat.
Therapeut: Haben Sie jemals vermutet, daß sie diese Kopfschmerzen gegen Sie verwendet?
Ehemann: (lächelnd) Ich dachte es mir schon.
Therapeut: Ich bin mir dessen sicher. Greifen Sie eine solche Situation jetzt im Gespräch mit ihr auf.

»Wir« ist eine Einstellung – die gewöhnlich einer realen Grundlage entbehrt –, und niemals eine Tatsache; diese Einstellung ist nicht auf die psychosomatisch gestörten Familienkonstellationen beschränkt.

Ehefrau: Meine Schwiegermutter zerstört unserer Ehe.
Therapeut: (zum Ehemann) Das ist natürlich auch Ihre Meinung.
Ehemann: In der Tat, ja. Nur, daß wir nicht wissen, was wir dagegen tun sollen.
Therapeut: Ich bin sicher, Ihre Frau weiß schon, was. (dann zur Frau) Sagen Sie es ihm.

Unstimmigkeit kann immer gefunden werden durch Aufdeckung der Einzelheiten.

Ehemann: Wir wissen nicht, was los ist. Wir haben nicht einmal mehr Gefühle füreinander. Wir denken an Trennung, wollen das aber nicht wirklich.
Therapeut: (zur Ehefrau) Haben Sie eine andere Auffassung davon?
Ehefrau: Nein.
Therapeut: (zum Ehemann) Erzählen Sie Ihr, welche Vorstellung Sie sich von dem Mädchen machen, das Ihre Gefühle wecken könnte, wie es sich verhalten würde, etwa im Unterschied zu Ihrer Frau.

Hier ist ein einfaches Beispiel:

Alleinstehende Mutter von drei Teenagern: Mir scheint, ich werde mit den Kindern nicht mehr fertig.
Therapeut: Was scheint Ihnen am schwierigsten? Und welches Problem möchten Sie als erstes lösen?
Mutter: Karen raucht Hasch.
Therapeut: Was wollen Sie ihr darüber sagen?
Mutter: Hör auf damit!
Therapeut: (zu Karen) Antworten Sie ihr, Karen.

Die Auswahl eines Themas

Es ist nicht notwendig, mit dem Thema zu beginnen, das zur Konsultation führte. Jedes Thema eignet sich: Das Wetter, Fußball, Politik, die Schwierigkeit, das Gespräch zu beginnen. Das Familiengespräch wird therapeutisch durch das Hinführen zu dem persönlichen Wunsch, der unweigerlich in jedem Thema enthalten ist.

Mutter: Wenn es mehr öffentliche Einrichtungen für Kinder gäbe, wären wir nicht hier.
Therapeut: (zum Rest der Familie) Ist jemand von Ihnen anderer Meinung?

Wenn alle einverstanden sein sollten oder nichts sagen, kann der Therapeut sich erneut an die Mutter wenden und nähere Einzelheiten verlangen.

Therapeut: (zur Mutter) Wie würde Ihnen das helfen, was zu lösen? Und in bezug auf wen?
Mutter: Wir haben niemanden, der mit den Jüngeren zu Hause bleiben kann. Deshalb streiten wir uns ständig. Das vergiftet die Atmosphäre.
Therapeut: Wem gegenüber fühlen Sie sich am schlechtesten?
Mutter: Ganz besonders Anne gegenüber, weil sie die Älteste ist.
Therapeut: (zu Anne) Deine Mutter sagt, sie möchte ein besseres Verhältnis zu dir haben. Hast du irgendwelche Vorstellungen, wie sie das schaffen könnte?

Zur Anamneseerhebung

Das Sammeln lebensgeschichtlicher Daten ist für die Therapie von zweifelhaftem Wert. Der einzig mögliche unmittelbare Wert einer Aufnahme der Vorgeschichte – wenn das, was er aufnimmt, überhaupt diese Bezeichnung verdient – liegt darin, daß Formalien – um mehr handelt es sich nämlich nicht – den Therapeuten von seiner anfänglichen Angst vor dem Zusammentreffen mit Fremden, die bestimmte Erwartungen an ihn richten, befreien.
Indem er lebensgeschichtliche Daten spontan mitteilen läßt, anstatt sie im voraus zu sammeln, kann der Therapeut sehen, wie die Klienten heute davon Gebrauch machen. Dadurch läßt er unwichtig gewordene, entfernte und fragwürdige Daten unmittelbare Relevanz gewinnen.

Sie: Du verbietest den Kindern nie etwas. Du überläßt es allein mir, ihnen Grenzen zu setzen. Das mag ich nicht.
Er: Du weißt, es ist nicht leicht für mich. Es wäre anders, wenn ich ihr richtiger Vater wäre und mit ihnen ihr ganzes Leben zusammengewesen wäre, anstatt nur ein paar Jahre.

Die Intensität der Gefühle in bezug auf Vergangenes und die Bereitwilligkeit, sie zu untersuchen (beides ist wichtiger für die Therapie als die Tatsache selbst), treten stärker in Erscheinung, wenn man sie als Teile des Gesprächs in Erscheinung treten läßt.

Er: Manchmal glaube ich, daß ich dich wirklich nicht mehr liebe.
Sie: Ich kann das nicht mehr hören. Du sagst mir das, seit du diese Affäre im letzten Jahr hattest. Warum gehst du nicht einfach zu ihr und gibst dich zufrieden!

2. Die Suche nach persönlichen Bedürfnissen

Sehnsucht (anders genannt: Wunsch, Verlangen, Wollen, Bedürfnis, Hoffnung, etc.) ist das Gerippe, welches das Fleisch des Gespräches trägt. Wenn keine Bedürfnisse vorhanden sind, ist das Gespräch hohl oder fehlt ganz. Wenn die Bedürfnisse nicht klar definiert sind, kann das Gespräch keine sinnvolle Form annehmen. Klar und mit innerer Bewegung zum Ausdruck gebracht, führen Wünsche zu einer Änderung, manchmal durch Erfüllung, manchmal durch das Ausdrücken allein. Daher: Finde die Bedürfnisse heraus – und beginne damit beim Therapeuten.

Was willst du und von wem?

ist die dem Therapeuten immer gegenwärtige Frage an jeden, auch an sich selbst. Sie kann einen guten Ausgangspunkt für die Therapie bieten, wenn das Gespräch nicht spontan in Gang kommt.

Ich wüßte gern, was Sie heute von mir erwarten?

Oder direkter:

Gibt es was, was Sie voneinander möchten und zur Zeit nicht bekommen?

Oder vielleicht mit Humor (es ist möglich, ernst zu bleiben, ohne steif zu wirken):

Nennen Sie mir ein Problem, von dem Sie alle wollen, daß es heute gelöst wird – aber ein großes, weil ich mich nicht mit belanglosem Zeug abgeben möchte.

Wenn der Therapeut abgelenkt ist

Gelegentlich – öfter, als wirklich zugegeben wird – ist der Therapeut mit seinen Gedanken woanders und gar nicht gleich daran interessiert, was die Familie selbst will. Um selbst innerlich zur Sache zu kommen, sagt er, wo er steht:

Ich finde Ihren Mantel hübsch. Wo haben Sie ihn gekauft? War er teuer?

Wenn solche direkten Gedanken auszusprechen dem Therapeuten zu peinlich ist, kann er etwa so beginnen:

Ich weiß, Sie sind für wichtigere Dinge hergekommen, aber ich würde Sie gerne, ehe wir beginnen, auf den Mantel ansprechen, den Sie tragen. Ich finde ihn hübsch und habe gerade über ihn nachgedacht.

Worauf auch immer die Aufmerksamkeit des Therapeuten gerichtet sein mag, es ist manchmal ausreichend, einfach nur anzusprechen, wohin sie abgewandert ist, und damit kommt sie zurück.

Ich bekomme Hunger (indem er auf die Uhr schaut). Ich hoffe, ich halte noch bis zum Essen durch. (Er achtet danach einen Moment aufmerksam darauf, welche Wirkung diese Worte auf ihn haben). Doch – ich schaff' es noch.

Manchmal reicht es aus, dies zu sagen. Oder aber etwas mehr wird nötig. Er kann zum Beispiel eine Keksschachtel aus seiner Schublade holen und sich einen Keks nehmen, während er die Schachtel herumreicht. Er könnte auch fragen, wer alles eine Tasse Kaffee möchte und dann durchs Telefon etwas zum Trinken bestellen, bevor das gemeinsame Gespräch anfängt.
Wenn jedoch seine Unaufmerksamkeit zu beheben noch schwieriger zu sein scheint, dann kann der Therapeut je nach seiner eigenen Sicherheit und seinem Sich-darin-Wohlfühlen einfach mit der Familie eine Weile über seine Unaufmerksamkeit sprechen.

Ich denke immer noch an mein letztes Gespräch. Es hat mich sehr bewegt und irgendwie bin ich in Gedanken noch dabei. Ich tue meine Arbeit sehr gerne, aber manchmal ist es nicht einfach, so nach der Uhr von einem Gespräch zum anderen zu wechseln. Es ist nicht so, daß ich noch etwas Wichtiges hätte sagen müssen. Es war nur einfach gut, zusammen zu sitzen, und ich hätte einfach gerne noch ein bißchen mit ihnen gesessen. (Vielleicht ist bis zu diesem Zeitpunkt seine Aufmerksamkeit allmählich zurückgekommen.) Ich glaube, das ist weit weg von dem, wie Sie sich im Augenblick hier zusammen fühlen. (Oder anders:) Stört es Sie, daß ich einfach so daherrede?

Oder aber der Therapeut entscheidet sich, die Sitzung zu verschieben. Um volle und echte Aufmerksamkeit anbieten zu können, ist kein Preis zu hoch.

Der gesamte Verlauf der Therapie ist gekennzeichnet durch das Suchen und Aufdecken der momentanen Bedürfnisse, *die noch nicht ausgedrückt sind.* Bedürfnisse sind übereinandergestapelt wie die Karten eines Kartenspiels. In dem Augenblick, in dem eines aufgedeckt ist, kommt darunter ein neues zum Vorschein, das offengelegt werden muß. Die Aufmerksamkeit des Therapeuten ist ständig auf das Auftauchen neuer Bedürfnisse gerichtet, während er seine ursprüngliche Frage entwickelt zu einem wachsamen:

Und was wollen Sie jetzt? (Oder zu sich selbst: Was will ich jetzt?)

Wenn sich das Gespräch in Phrasen verliert, kann sich der Therapeut an einen Teilnehmer wenden:

Ihre Worte verwirren mich und ich verstehe nicht, wonach Sie fragen. Versuchen Sie in einem Satz – oder weniger – zu sagen, was Sie jetzt wollen.

Die einzelnen Bedürfnisse müssen in geordneter Reihenfolge an die Oberfläche gebracht werden. Obwohl ein erfahrener Therapeut in der Lage ist, die tiefer liegenden Bedürfnisse zu sehen, muß er sich davor hüten, sie vorzeitig anzusprechen.

Beispiel:

Ein Ehepaar bittet um Hilfe wegen zunehmender sexueller Schwierigkeiten. Die Bedürfnisse des Mannes sind noch vorhanden, während die der Frau fast verschwunden sind.

Therapeut: (zur Frau) Sagen Sie ihm, warum Sie nicht mehr sexuell mit ihm zusammen sein wollen.

Nach dem Grund fragen, heißt, schnell zu Einzelheiten – der Nahrung für das Gespräch – zu kommen, und hat nicht den Zweck, rationales Verständnis zu bewirken.

Frau: Ich weiß nicht, es ist mir unangenehm.
Therapeut: (eindringlich) Sagen Sie ihm, was Ihnen an seinem Verhalten unangenehm ist.

Hier eröffnet sich ihr die Möglichkeit, über andere Bereiche nachzudenken, in denen sie unbefriedigt ist (unerfüllte Bedürfnisse hat). Oft ist das sexuelle Gebiet ein Kampffeld geringerer Bedeutung; es spiegelt letztlich nur bereits lang andauernde und wachsende Unvereinbarkeiten zwischen den Ehepartnern wider.
Im vorliegenden Fall war das, wie sich zeigte, allerdings nicht der Fall.

Frau: Er erscheint mir so rücksichtslos.
Therapeut: Nennen Sie ihm ein Beispiel.
Frau: (zum Ehemann) Zum Beispiel tust du mir oft weh, wenn wir miteinander schlafen.
Ehemann: (unschuldig, naiv) Wirklich? Ich wußte das bisher nicht. Warum hast du mir das nie gesagt?
Frau: Ich habe es versucht, aber du sagtest nur, ich sei gehemmt oder überempfindlich.
Ehemann: (lachend) Das erinnert mich an den Witz, wo der Bursche zu seinem Mädchen sagt, während sie es miteinander treiben: »Habe ich dir weh getan?« und sie sagt: »Nein, warum fragst du?« und er sagt: »Weil du dich bewegt hast.« (Er lacht)
Sie: Ich möchte, daß du mich ernst nimmst.
Er: Das tue ich. Aber ich glaube, daß du bloß sexuell zu stark gehemmt bist.

Sie bringt ihm einen ernsthaften Wunsch entgegen – bei der sexuellen Begegnung nicht falsch behandelt zu werden –, was er damit abtut, daß er ihren Schmerz Verklemmtheit nennt. Oben auf dem Stapel der Wünsche des Ehemannes sieht der Therapeut den Wunsch, das darunterliegende zu verstecken: den Wunsch, sexuell grausam zu sein. Und darunter mag der Therapeut den Wunsch erkennen, die Frustration früherer sexueller Enttäuschungen (nicht unbedingt an ihr) auszudrücken. Und darunter mag er vielleicht die ursprüngliche Sehnsucht nach liebevoller Intimität entdecken. Der Therapeut darf nicht das untere zuerst hervorziehen, indem er etwa zum Ehemann mitfühlend sagt:

Ich kann aus Ihrer Einstellung als Kavalier ersehen, daß Sie früher große Sehnsucht nach Sex und Liebe hatten, die frustriert wurde. Vielleicht können Sie Ihrer Frau jetzt davon erzählen.

Der Ehemann, dessen Bewußtheit im Moment noch nicht so weit vorgedrungen ist, wird wahrscheinlich die Gelegenheit ergreifen, um der notwendigen und schmerzlichen schrittweisen Aufdeckung der verdrängten Bedürfnisse zu entfliehen. (Der Schmerz ist annähernd gleichwertig mit dem unausgedrückten Schmerz, der ursprünglich verdrängt wurde.) Er wird ohne gefühlsmäßiges Begreifen antworten:

Nun ja, ich hatte mein Teil an Enttäuschungen, wie jeder andere auch, nehme ich an. Meinten Sie, das hinge mit meiner jetzigen Einstellung zusammen?

Mehr als ein geringes Verstehen und das Fortbestehen des Wunsches nach sexueller Grausamkeit kann durch eine solche verfrühte Deutung nicht erreicht werden.
Am besten arbeitet der Therapeut vom zuoberst Liegenden nach unten, richtet den Blick auf das Gegenwärtige und mißachtet seine weitblickenden und tiefsinnigen Interpretationen. Bei diesem Ehemann könnte der Therapeut zum Beispiel einfach auf dessen unbeschwerte Einstellung oder auf die Ablenkungsmanöver mittels Themawechsel eingehen. Oder, falls er glaubt, der Ehemann sei nahe davor, das auftauchende nächstliegende Bedürfnis anzuerkennen, kann er vorschlagen:

Therapeut: Manchmal empfindet ein Mann Lust dabei, wenn er einer Frau Schmerzen zufügt, aber er schämt sich, es zuzugeben. Trifft das in irgendeiner Weise auf Sie zu?
Ehemann: Ich dachte niemals darüber nach. Ja, in bestimmter Hinsicht stimmt das. Ich hatte Phantasievorstellungen (dann hastig zu seiner Frau) – aber dir möchte ich nicht weh tun.

Die Heilung liegt in Selbst-Offenbarung. Die Enthüllung entstellter Bedürfnisse befreit.

Therapeut: Erzählen Sie ihr von Ihren grausamen Phantasien (Ihrem Wunsch, weh zu tun).

Der Therapeut erwartet vielleicht Einwendungen. Der Ehemann kann sagen, daß er sich nicht getraut, oder die Frau, daß sie das nicht hören will.
Nehmen wir an, der Ehemann beginnt, seine ihm zusetzenden Phantasien zu enthüllen und die Frau äußerst einen gegenteiligen Wunsch.

Ehefrau: Bitte, erzähle mir das nicht! Ich will das nicht hören. Allein der Gedanke, daß du an so etwas denkst, erschreckt mich.

Die Aufgabe des Therapeuten bleibt die gleiche: Wunschvorstellungen aufzudecken und ihnen nicht auszuweichen.

Therapeut: (zum still gewordenen Ehemann) Was wollen Sie jetzt sagen?
Ehemann: Ich weiß nicht. Ich fange an, Ihren Standpunkt zu verstehen. Aber ich will meine Frau auch nicht verletzen.
Therapeut: Sagen Sie es ihr!
Ehemann: Ich will dir wirklich nicht weh tun, Liebes, aber ich habe das Gefühl, daß es mir gut tun würde, dieses Zeug offen herauszubringen. Ich habe lange genug Witze darüber gemacht.
Ehefrau: Aber ich fürchte mich davor.

Ob die Phantasien ausgesprochen werden oder nicht, ist unwichtig. Sie sind jetzt lediglich Gesprächsthema. Die Suche nach Möglichkeiten, hervorbrechende und oft sich widerstreitende Bedürfnisse miteinander auszusöhnen, ist die Aufgabe.

3. Wie lautet die Botschaft?

Während die Frage nach den Bedürfnissen weitgehend unmittelbar Gegebenes betrifft (Was möchten Sie *jetzt*?), geht es bei der Klärung der Frage, was eigentlich mitgeteilt werden soll, um nähere Einzelheiten. (Was wollen Sie jetzt ganz genau und von wem?) Verwandle das Vage ins Klare, das Abstrakte ins Konkrete, das Allgemeine ins Spezifische, das Negative ins Positive, das Entfernte ins Unmittelbare. Und ganz besonders wichtig: Wandle das »Wir« zum »Ich«.

Mutter: Wir müssen besser kommunizieren.
Therapeut: Wer möchte das nicht?
Vater: Ich glaube, wir sollten freundlicher zueinander sein.
Therapeut: Wer ist zum Beispiel nicht freundlich zu Ihnen?

Vater: (zur Familie) Ich will zu Hause nur ein wenig mehr Frieden.
Therapeut: Sagen Sie ihnen Ihre Bedingungen.

Einzelheiten können vom Sender oder vom Empfänger verlangt werden.

Ehefrau: Ich wünsche, du würdest auch mal etwas Interesse an mir zeigen.
Ehemann: Das tue ich.
Ehefrau: Ich merke es nicht.
Ehemann: Kann sein, daß *darin* das Problem liegt.
Ehefrau: Vielleicht, aber ich fühle es noch nicht.
Ehemann: Nun, das ist nicht mein Problem.
Therapeut: (zum Ehemann) Ich bin mir nicht ganz im Klaren, ob Sie ganz genau wissen, worum sie bittet.
Ehemann: Nein, nicht so genau.
Therapeut: Sie könnten sie danach fragen.

Voneinander abweichende verbale und nicht-verbale Botschaften müssen geklärt werden.

Ehemann: (resigniert wirkend in Mimik und Sprache) Ich verstehe nicht, was nicht in Ordnung sein soll. Es gibt nichts, was perfekt ist.
Therapeut: Sie scheinen selbst damit nicht ganz zufrieden zu sein.
Ehemann: Nein, das bin ich auch nicht.
Therapeut: Das haben Sie nicht gesagt.
Ehemann: Ich glaube nicht, daß das wichtig ist.
Therapeut: Ihre Unzufriedenheit ist wichtiger als Ihre Meinung.

In der gleichen Weise wie bei vom Gesagten abweichendem nicht-verbalen Verhalten, werden zum Ausdruck gebrachte Wünsche und ihnen widersprechende Einstellungen miteinander konfrontiert.

Ehemann: (zur Frau) Du bist immer so abhängig von mir, das mag ich nicht. Du lebst in meinem Schatten. Du denkst nicht selbst. Ich wollte, du wärest unabhängiger.
Ehefrau: Für mich ist unser Sexualleben ein ernsteres Problem, über das ich lieber sprechen möchte.
Ehemann: Das ist nicht das eigentliche Problem. Es ist nur ein Symptom. Das Problem ist deine Abhängigkeit.
Ehefrau: Kann sein. Aber Sex ist ein Problem für mich und ich würde gern darüber mit dir sprechen.
Ehemann: Darüber zu diskutieren wäre reine Zeitverschwendung.

Konfrontationen mit dem Prozeßverlauf sind im allgemeinen Bemerkungen zum Inhalt vorzuziehen. Obwohl der Therapeut hier vielleicht der Meinung des Ehemannes zustimmt, muß er ihn daraufhin ansprechen, daß sein Verhalten nicht dem ausgedrückten Bedürfnis entspricht.

Therapeut: (zum Ehemann) Sie verlangen von Ihrer Frau unabhängiges Denken. Jetzt, wo sie es anbietet, weisen Sie es summarisch ab.

Der Therapeut muß beharrlich sein.

Ein *14jähriger* zu seinen Eltern: Ihr versteht alle nichts.
Vater: Das sagst du uns immer, wenn wir gegen etwas sind, was du tust.
14jähriger: Das ist nicht wahr.
Therapeut: (zum 14jährigen) Einzelheiten bitte!
14jähriger: Ihr alle versteht meine Freunde nicht.
Vater: Du meinst, wir mögen einige davon nicht. Das stimmt.
Therapeut: (wieder zum 14jährigen) Sag ihm, was er bei deinen Freunden nicht versteht.
14jähriger: Daß sie andere Wertmaßstäbe haben.
Therapeut: Zum Beispiel.
14jähriger: Sie halten es für richtig, Hasch zu rauchen.
Therapeut: Und du?
14jähriger: Ich halte es auch für richtig.
Therapeut: Für dich oder sie?
14jähriger: Beides.

Der 14jährige nähert sich den Einzelheiten. Er möchte, daß seine Eltern sein Haschrauchen billigen. Jetzt müssen die Eltern gleichermaßen genau definieren, welche Einwendungen sie haben, ehe ihre Unterhaltung weitergehen kann.

Therapeut: (zum Vater) Was sagen Sie dazu.
Vater: Ich sagte es bereits. Ich bin dagegen.
Therapeut: Einzelheiten, bitte.

Der Vater braucht keine Gründe anzugeben. Er kann es verweigern. Diese Weigerung wird dann zu einer spezifischen Stellungnahme, auf die der Sohn, der Therapeut und die Mutter antworten können. Wünsche müssen aufrichtig, detailliert, persönlich sein – und vorzugsweise klein und erfüllbar (siehe Kapitel 4, Abschnitt 3 und 5).

Besser:

Ich möchte, daß du jeden Tag dein Bett machst.

Anstatt flehentlich:

Warum kannst du nicht verantwortungsvoller sein?

Besser:

Ich weigere mich (will nicht), jede Woche deine Mutter anzurufen und Interesse vorzutäuschen.

Anstatt zurückhaltend:

Es wäre schön, wenn ich nicht immer deine Mutter anrufen müßte.

Besser:

Ich brauche mehr Haushaltsgeld.

Anstatt in selbstmitleidigem Ton:

Es ist so schwer, bis zum Ende des Monats auszukommen. Mir scheint, man hat niemals genug, um mit den Preisen Schritt halten zu können. Die Preise sind ...

Besser:

Ich liebe keine Kritik: weder die deine noch die irgendeines anderen, jetzt nicht und niemals sonst. Sag, was du willst, aber hacke nicht dauernd auf mir herum.

Anstatt vage:

Mir scheint, du bist mit mir nie zufrieden.

Besser:

Ich höre nicht auf zu reden, bloß weil du mir befiehlst, den Mund zu halten.

Und nicht irreführend:

Wenn du so zu mir sprichst, weiß ich nicht, was ich dir sagen soll.

Die Erfüllung der tiefsten menschlichen Bedürfnisse (zum Beispiel der Wunsch, geliebt zu werden) kann natürlich nicht gefordert oder im einzelnen ausgehandelt werden. Jedoch kann durch das Ausdrücken und Aushandeln der kleinen, erfüllbaren gewöhnlichen Wünsche des Alltagslebens entdeckt werden, was möglich ist, und die Chance zu größerer Zufriedenheit verbessert sich.

4. Die unmittelbare und treffende Aussage

Dirigiere alle anstehenden Mitteilungen zu ihrer wirklichen Zielscheibe: zu der Person, die sie betreffen. Alle Bemerkungen über eine Person, die zu einer dritten gesagt sind, werden als unerwünschter Klatsch betrachtet. (Siehe Kapitel 4, Abschnitt 2.) »Sagen Sie es ihm (ihr, ihnen)«, ist das Stichwort.

Ehefrau: (zum Therapeuten über den Ehemann) Ich weiß nicht, wie ich ihn davon überzeugen kann, daß wir ihn brauchen.
Therapeut: Sagen Sie *ihm* das.

Oft vermischen sich die einzelnen Schritte.

Ehefrau: Ich habe es versucht. Er versteht es nicht.
Therapeut: Drücken Sie sich genau aus. Sagen Sie ihm, wofür sie ihn brauchen.

Noch einmal: Beharrlichkeit ist meistens notwendig.

Ehefrau: Ich habe es versucht, aber es ist so schwierig, solche Dinge genauer zu erklären. Es ist mehr als die Hilfe und die Unterstützung im Haushalt.
Therapeut: Sagen Sie *ihm* das.

Während sich die Mitteilung langsam ändert (vertieft), insistiert der Therapeut weiterhin.

Ehefrau: Ich habe es versucht, ich habe keine Hoffnung mehr.
Therapeut: Sagen Sie es ihm.

Sollte die Frau auf ihren Mann sehen und zum Beispiel zu weinen beginnen, ist ihre Mitteilung des Bedürfnisses an ihn vervollständigt und fordert seine Antwort, falls diese nicht spontan kommt.

Therapeut: (zum Ehemann) Sie spricht zu Ihnen und Sie antworten nicht.

Mitteilungen, die an den Sender zurückverwiesen worden sind, damit er sie dem eigentlichen Empfänger übermittelt, werden oft durch

Fragen oder Gerede verwässert (indem sie zum Gesprächsthema gemacht statt übermittelt werden).

Ehemann: (zum Therapeuten) Ich kann es nicht leiden, wenn meine Frau mir sagt, ich sollte ihr helfen, die Kinder zu bestrafen und sich dann beklagt, ich sei zu barsch.
Therapeut: Sagen Sie es ihr.
Ehemann: (zur Frau) Warum tust du das?
Therapeut: Das ist es nicht, was Sie zu mir sagten. Sie sagten, Sie können es nicht leiden. Sie fragten sich nicht, warum Sie es tut.
Ehemann: (zur Frau) Ich hasse es wirklich. Du weißt, daß ich das tue. (Denkpause) Verdammt! Halte dich raus, wenn ich die Kinder bestrafe!

Der Ehemann hat seine Mitteilung klar und unverzüglich übermittelt. Es ist ein guter Anfang oder ein Abschluß. Die Wahl liegt jetzt bei seiner Frau.
Sollte ein Familienmitglied unfähig sein, eine Botschaft zu übermitteln, die der Therapeut für wichtig hält, so kann dieser den Boten spielen und die Brücke bauen.

16jähriger: Sie denken einfach, ich sei dumm.
Therapeut: Verletzt dich das nicht?
16jähriger: (achselzuckend) Manchmal.
Therapeut: Sag es ihnen.
16jähriger: Sie interessieren sich nicht dafür.
Therapeut: Manchmal müssen Eltern daran erinnert werden, daß ihre Kinder ihr Interesse und ihre Wertschätzung brauchen. Das ist deine Aufgabe. Sag es ihnen.
16jähriger: Es ist nutzlos.
Therapeut: Ich glaube, daß es schwierig ist, aber nicht nutzlos. (sich an die Eltern wendend) Setzen Sie voraus, daß er das alles zu Ihnen gesagt hat und antworten Sie ihm.

Manchmal wird eine Antwort auf den Therapeuten abgelenkt. Zum Beispiel weicht der Ehemann den ernsten und herausfordernden Konfrontationen seiner Frau aus.

Therapeut: Sie haben Ihrer Frau wieder nicht geantwortet.
Ehemann: Verdammt! Sie geben wohl nie auf?
Therapeut: Sie haben ihr noch nicht geantwortet.

Daß die Beharrlichkeit des Therapeuten (und andere Dinge) frustrierend wirkt, ist angemessen und förderlich. Der Therapeut muß

jedoch ständig auf der Hut sein und darf Ausweichmanöver nicht durchgehen lassen.
Dieser Ehemann spricht jetzt direkt zu seiner Frau, aber er benutzt den Einwurf des Therapeuten als Gesprächsthema. Interventionen von seiten des Therapeuten sollten beherzigt oder zurückgewiesen, niemals aber diskutiert werden.

Ehemann: (zur Frau) Der Doktor hat recht, Liebling. Meist antworte ich dir nicht.
Therapeut: (zum Ehemann) Sie haben ihr noch immer nicht geantwortet.

Eine Botschaft, die direkt übermittelt wird, enthält den damit verbundenen Affekt (siehe Kapitel 3, Abschnitt 4). Die Bedeutungslosigkeit von »Ich liebe dich«, wenn dies ohne Leidenschaft gesagt wird, ist jedem klar. Wenn die Botschaft dagegen negativ ist, verstärkt sie eine Tendenz zur Trennung.

Ich hasse dich!	Mußt du das so giftig sagen?!
Ich ertrage es nicht, wie wir zusammenleben.	Kannst du nicht aufhören zu weinen, so daß wir vernünftig darüber reden können.

Im allgemeinen sind die Worte Information für den Zuhörer, während der Affekt (der Klang) der Erleichterung des Senders dient. Beides, Aussagen und ihr gefühlsmäßiger Ausdruck sind wichtig für die optimale Übermittlung (siehe Kapitel 3, Abschnitt 6).

Wenn der Adressat der Mitteilung kein Familienmitglied ist

Manchmal wird während eines Austausches zwischen den Familienmitgliedern eine klare Botschaft aufgedeckt, die an jemand anderen gerichtet werden müßte. Wenn diese Person lebt und erreichbar ist, wie z. B. ein Nachbar, Mitarbeiter, Freund oder Verwandter, wird die persönliche Mitteilung ein Teil der Nacharbeit zu Hause und darf nicht während der Therapie zerredet werden.
Der Therapeut hält immer Ausschau nach Bemerkungen, die ihm gelten.

Ehemann: (zur Frau) Wir scheinen neuerdings kaum Fortschritte zu machen.
Ehefrau: Das stimmt.

Therapeut: Wer ist Ihrer Meinung nach dafür verantwortlich zu machen? Sie, Ihre Frau oder ich?
Ehemann: Natürlich wir alle.
Therapeut: Sagen Sie jedem einzelnen von uns, beginnend mit mir, was wir Ihrer Meinung nach besser machen könnten.

Hier wird der Therapeut, da er direkt angesprochen ist, zusätzlich zu seiner Aufgabe, das Gespräch zu leiten, persönlich antworten (siehe Kapitel 5, Abschnitt 2).
Wenn der Empfänger einer Mitteilung ein verstorbener Verwandter ist, kann ein Dialog arrangiert werden, indem eine der Gestalttechniken (dort und jetzt) benutzt wird, zum Beispiel kann man beginnen:

Wenn Ihr Vater jetzt hier wäre, was würden Sie ihm sagen?

Oder:

Schließen Sie die Augen und versuchen Sie, Ihren Vater vor sich zu sehen. Schauen Sie ihn an. Sprechen Sie zu ihm.

Manchmal gilt die Mitteilung dem Sender selbst. Dann wird eine Selbstkonfrontation, ein Dialog mit sich selbst, hergestellt, indem das Individuum beide Rollen abwechselnd spricht, bis der Konflikt, wie in jeder anderen Begegnung, gelöst ist (siehe Kapitel 5 zur näheren Ausführung über Selbstbegegnungen).

5. Die Zeit zur Antwort

Zu Hause können Reaktionen aufgrund der Umstände zurückgehalten werden. Alltägliche Dinge kommen dazwischen, wie z.B. die Notwendigkeit, daß das Kind rechtzeitig zur Schule kommt, oder die Ankunft unerwarteter Gäste; oder es kann sich einer einfach weigern, eine Diskussion im Augenblick fortzusetzen, einfach aus dem Wunsch, sich für eine Weile davon zu distanzieren. Die Zurückstellung zu Hause kann von Vorteil sein, sie kann z.B. für die wichtige Abkühlung während einer schwierigen und langwierigen Kontroverse sorgen. Dagegen wird während des therapeutischen Gesprächs eine aufgeschobene Antwort in der Regel als eine versäumte Antwort behandelt – als Verzögerungstaktik – und muß

sofort aufgegriffen werden. Während der Therapie werden Ablenkungen zielbewußt auf ein Minimum herabgesetzt. Die Hitze der Frustration muß genutzt werden, um eine neue Beziehung zu schmieden.
Antworten müssen all den Erfordernissen entsprechen, die oben für Botschaften beschrieben wurden. Außerdem müssen sie – mit seltenen Ausnahmen – direkt, rechtzeitig, genau zum Thema und vollständig gegeben werden.
Vorzeitige Antworten – Unterbrechungen – sind im allgemeinen (zer)störend und sollten möglichst unterlassen werden. Wenn sie nur vereinzelt und vorwiegend in der Hitze des Gefechtes auftreten, genügt ein einfaches: »Warten Sie einen Moment. Lassen Sie sie ausreden.« Wenn Unterbrechungen an der Tagesordnung sind, erfordern sie stärkere Beachtung. Dann werden beide Parteien aufgefordert, darauf zu achten, daß sie abwarten und zuhören.

Zum Unterbrechenden:

Sie haben es wieder getan.

Zum Unterbrochenen:

Und Sie lassen es zu.

Mehr Nachdruck wird in einer redseligen Familie erforderlich sein, in der sich gegenseitig zu unterbrechen, zum altvertrauten Gesprächsstil gehört.

Schweigen Sie alle und hören Sie mir zu. Diese ständigen Unterbrechungen müssen aufhören. Ich werde sie nicht dulden. Ich erwarte, daß jeder einzelne von Ihnen ab sofort seinen eigenen Mund beherrscht. Nur einer spricht jeweils, und lassen Sie jeden seinen Beitrag zu Ende führen!

Die Überwachung ihrer Selbst-Überwachung mag für einige Zeit die angemessene Beschäftigung des Therapeuten sein.
Natürlich ist die Unterbrechung lang gewundener und ziellos scheinender Monologe angebracht. Eine Aufforderung zu einer kurzen Zusammenfassung bietet gleichzeitig eine Orientierungshilfe.

Einen Moment, bitte! Ich bin nicht mitgekommen. Was ist Ihr Standpunkt – in einem Satz höchstens?

Es ist auch angebracht zu unterbrechen, um auf jemandes Desinteresse aufmerksam zu machen.

Therapeut: (unterbricht die Tochter und spricht zur Mutter) Mir scheint, Sie interessieren sich nicht dafür, was Ihre Tochter sagt.
Mutter: Nein.
Therapeut: Dann seien Sie bitte so nett und sagen Sie es ihr. (Und zur Tochter) Bestehen Sie auf ihrer Aufmerksamkeit oder schweigen Sie, aber vergeuden Sie nicht Ihre Kraft.

Antworten müssen den angesprochenen Punkt auch wirklich betreffen.

Ehefrau: Du scheinst immer so verärgert zu sein.
Ehemann: Du bist auch nicht gerade ein Bündel Frohsinn.
Therapeut: (zum Ehemann) Das können Sie das nächste Mal mit ihr besprechen. Das augenblickliche Thema ist *Ihre* Verärgerung nicht die Ihrer Frau.

Selbst wenn sie zum Thema gehört: Die Antwort darf die persönliche Mitteilung nicht maskieren.

Derselbe *Ehemann* wie eben: (zur Ehefrau) Du hast recht. Ich habe die meiste Zeit ziemlich schlechte Laune.
Therapeut: Jetzt ist Ihre Stimme leer geworden. Alles Leben ist aus ihr verschwunden.
Ehemann: Ist doch klar. Ich mag nicht, was sie gesagt hat, auch wenn es wahr ist.
Therapeut: Diesen Teil haben Sie ihr nicht gesagt.
Ehemann: (zur Frau) Gut, ich habe nicht.
Therapeut: Ihre Stimme ist noch tot.
Ehemann: (der offensichtlich unter Druck gerät) Aber, wenn ich ihr das zeigen würde, wie aufgebracht ich bin, wird sie mich wieder beschuldigen, verärgert zu sein. Ich weiß nicht, was ich tun soll.
Therapeut: Sie könnten ihr das sagen.

Wenn die Antwort nicht spontan kommt, wird sie erbeten.

Können Sie antworten?
Was geht in Ihnen jetzt vor?
Ich habe gesehen, daß Sie mit den Achseln zuckten. Was drücken Sie damit aus?

Wenn alles fehlschlägt, kann der Sender dazu aufgefordert werden, auf das Schweigen als Antwort zu reagieren, oder andere Familienmitglieder können gebeten werden, etwas dazu beizutragen.
Gewöhnlich werden Antworten gegeben, die vage und belanglos sind. Sie verlangen die gleiche korrigierende Aufmerksamkeit wie bereits beschrieben. Wenn der Zuhörer offensichtlich ausweicht, wird dem ausweichenden Verhalten entgegengetreten.

Ehefrau: Wir müssen etwas gegen Marions Angst vor dir tun. Wenn du sie nicht immer anschreien würdest, würde ihr das vielleicht helfen.
Ehemann: Vielleicht.

Wenn die Ehegattin nicht auf das Ausweichen eingeht, macht der Therapeut einen oder beide darauf aufmerksam. Zum Ehemann kann er zum Beispiel eindringlich sagen:

Das ist keine Antwort. Sagen Sie ihr, was Sie über ihre Anklage denken.

Oder zur Frau:

Sind Sie mit seiner Antwort zufrieden?
Ehefrau: Natürlich nicht.
Therapeut: Wie soll er das wissen? Sie haben es ihm nicht gesagt.

Ein anderes Beispiel:

Ehefrau: Ich möchte, daß du mehr zu Hause bleibst.
Ehemann: Du weißt, wieviel ich im Büro zu tun habe, besonders jetzt. Es ist Saison.

In diesem Beispiel ist ihre Aussage vage und er weicht aus. Einer von beiden oder beide können zur Intensivierung des Gespräches aufgefordert werden.
Nehmen wir an, alle Versuche, eine verbale Antwort hervorzulocken, schlagen fehl. Der Therapeut kann sich dann dem Thema zuwenden und persönlicher an der erforderlichen Diskussion teilnehmen.

Beispiel:
Die Mutter äußert sich besorgt wegen Barbaras (16 Jahre alt) neuem Freund, der wegen Verkaufs von Haschisch straffällig geworden ist. Barbara hat dagegen protestiert; sie schwört, daß er nicht wirklich

der Drogenszene angehöre, er sei lediglich ein guter Kerl, der nur der allgemeinen Hysterie, die gegenwärtig herrsche, zum Opfer gefallen sei. Die Mutter wendet sich an den Vater, der wie gewöhnlich nicht reagiert und drückt den Wunsch aus, daß er etwas sagt. Er sieht nachdenklich aus, zuckt fast unmerklich mit den Schultern und sagt nichts.

Therapeut: Was denken Sie?
Vater: Nichts.
Therapeut: Sie zuckten mit den Schultern. Das bedeutet etwas.
(Stille)
Therapeut: Gut. Aber ich bin sicher, daß Sie eine Meinung haben zum Thema Freund, selbst wenn Sie glauben sollten, daß es sich nicht lohnt, sich damit zu befassen. Ich würde gern Ihre Meinung hören.
Vater: Ich kenne den Jungen nicht.
Therapeut: Sagen Sie damit, daß Sie ihn gerne kennenlernen würden?
Vater: Ich weiß nicht, ob das helfen würde.
Therapeut: Wäre es Ihnen lieber, Ihre Frau und Barbara würden diese Angelegenheit beilegen, ohne Sie damit zu belästigen?
Vater: Sie belästigen mich nicht. Ich habe einfach keine Vorstellungen dazu.

Der Therapeut glaubt dem Vater und schließt daraus, daß die Unfähigkeit des Vaters, eine eigene Meinung zu haben, tief verwurzelt ist und daß das momentane Problem nicht warten kann, bis das Persönlichkeitsproblem des Vaters behoben ist.

Therapeut: (zur Mutter) Ich glaube, Ihr Mann hat Ihnen alles gegeben, wozu er momentan in der Lage ist. Ich würde vorschlagen, daß Sie den Jungen an einem Abend einladen, um sich mit ihm bekannt zu machen. (Zum Vater:) Das wird Ihnen die Möglichkeit bieten herauszufinden, ob das Zusammentreffen mit ihm Ihnen hilft, sich eine Meinung zu bilden. Ihre Frau würde das begrüßen. (Und dann zur Mutter:) Dann können Sie mit dem Jungen über Ihre Bedenken wegen seiner Straffälligkeit sprechen. Es wäre besser, wenn Ihre Einstellung auf Ihrer eigenen Erfahrung mit dem Jungen basierte als auf Informationen über ihn. (Und dann zu Barbara:) Was halten Sie von meinem Vorschlag?

Wenn das unmittelbare Problem erledigt ist, kann der Therapeut sich ohne weiteres an die Eltern wenden (mit seinem Bedürfnis), und das schwerwiegendere Problem aufgreifen: die große Diskrepanz zwischen dem Wunsch der Mutter nach der Anteilnahme des

Vaters und dessen tatsächlicher Fähigkeit, Anteil zu nehmen. Das Problem ist nicht einfach die zurückhaltende Persönlichkeit des Vaters, sondern die Entfremdung zwischen Mutter und Vater. Für die Arbeit an dieser Entfremdung muß geklärt werden, welche vorgegebenen Tatsachen in Rechnung zu stellen sind. Sein jetziges Verhalten wird ebenso wie ihres und das des Therapeuten den Verlauf der Auseinandersetzung gestalten und das Ergebnis bestimmen.

Wann sich weitere Worte erübrigen

Indem ein Bedürfnis zum Ausdruck gebracht und dadurch auch wieder geweckt wird, kann Neues ins Bewußtsein treten – vielleicht die Erkenntnis, daß der Wunsch im Zusammenleben mit dieser bestimmten Person niemals in Erfüllung gehen kann. Dann vervollständigt der eigene Schmerz die Botschaft.

Manchmal braucht die persönliche Botschaft nur übermittelt zu werden. Die Äußerung kann in sich vollständig sein; weitere Worte darüber sind dann zwar möglicherweise sinnvoll, aber entbehrlich (siehe Kapitel 4, Abschnitt 7).

Die Bibel liefert dafür ein gutes Beispiel:

> Da konnte sich Joseph nicht länger enthalten ... und sprach zu seinen Brüdern ... und er weinte laut ... und Joseph sagte zu seinen Brüdern, ich bin Joseph ... und er fiel seinem Bruder Benjamin um den Hals und er weinte; und Benjamin weinte auch ...
>
> 1. Mose 45, 1, 2, 3, 14

6. Die regulierende Begleitung des Familiengespräches

Die aufeinanderfolgenden Schritte, welche die Untertitel dieses Kapitels bestimmen, sind wie die einzelnen Töne einer Tonleiter. Man muß erst ihr harmonisches Aufeinander-bezogen-Sein erkennen und sie dann – wie die erlernte Tonleiter – aus dem Bewußtsein verlieren. Dann formt sich das unsichtbare Gerüst für die Improvisation eines Gesprächs, das dort beginnt und endet, wo immer es am besten klingt.

Dem sich entwickelnden Gespräch folgen zu können, verlangt Erfahrung und Geschicklichkeit in der Konzentration auf das jeweils

Unmittelbare. Dies kann ohne größere Schwierigkeit gelernt werden. Es erfordert auch einen Blickwinkel, aus dem sichtbar wird, was innerhalb des Unmittelbaren das Wesentlichste ist, an dem gearbeitet werden sollte. Diese Fähigkeit hängt von der eigenen Entwicklung des Therapeuten ab und erwächst weitgehend aus seinen eigenen Lebenserfahrungen.

Das Unmittelbare in den Vordergrund stellen

Der Therapeut lebt nicht auf die Art im Hier-und-jetzt, die ihm oft unterstellt wird; er nutzt vielmehr das Unmittelbare als Fenster, durch das er späht, auf der Suche nach seinem nächsten Schritt. Wenn einmal eine Interaktion begonnen hat, ist die Fortführung dann gewährleistet, wenn der Therapeut darauf achtet, daß die Streitenden sich klar gegenüberstehen (Mund zum Ohr und Ohr zum Mund) in der wechselseitigen Selbstenthüllung, bis den unmittelbaren Bedürfnissen entsprochen worden ist oder sie verändert worden sind. Ein Erstgespräch illustriert das im Folgenden:
Die 13jährige Karin drückt ihrer Familie gegenüber durch übermäßiges Schminken eindringlich aus, daß zu Hause etwas nicht in Ordnung ist; ihr leuchtender Lippenstift unterstützt mit sorgfältiger Übertreibung ein albernes Lächeln und ihre Lidschatten, die das ganze Gesicht überschatten, drängen nach Gesehenwerden durch einen Schleier sorgfältig gekämmter Haare. Ihre Kleidung läßt eher an einen Harlekin als an einen Vamp denken. Der Vater, mit einem ähnlich absurden Lächeln, begrüßt den Therapeuten: »Wie Sie sehen können, haben wir ein ziemliches Problem mit Karin.«
Die Sich-Streitenden werden zu direkter Äußerung eingeladen.

Therapeut: (zu Karin) Ich bin sicher, du bist nicht damit einverstanden, wie er es darstellt. Oder?
Karin schüttelt ihren kichernden Kopf und sagt nichts. Mir (Therapeut) scheint, sie spinnt.
Therapeut: (erneut zu Karin) Ich wäre mehr an den Problemen interessiert, die du mit ihnen hast.
Karin sagt nichts, aber ihr Kichern geht in ein nachdenkliches Lächeln über.
Ich (Therapeut) registriere ihre Reaktion und beschließe, jetzt nicht weiter in sie zu dringen.

Sprich lieber zu jedem einzeln als zu mehreren auf einmal.

Therapeut: (zum Vater) Ich nehme an, daß Sie glauben, alles getan zu haben, was möglich ist.
Vater: (noch lächelnd) Ja, das haben wir.
Therapeut: (zur Mutter) Alles?
Mutter: Ich wüßte nicht, was wir noch tun könnten.

Verankere das Gespräch lieber an der praktischen Wirklichkeit als an Ideen.

Therapeut: Sie könnten ihr den Lippenstift und das Augen-make-up abwischen.
Ich bemerke Karins ernsthaftes Interesse.
Mutter: Wir haben es versucht, aber sie protestiert dagegen.
Therapeut: Haben Sie ihre Mitarbeit erwartet?
Mutter: Aber sie wird so wütend.
Therapeut: Holen Sie sich Hilfe von Ihrem Ehemann.
Vater: (zum Therapeuten, immer noch lächelnd) Wenn ich Gewalt anwenden will, dann hält sie (die Mutter) mich zurück.
Mutter: (schwächlich) Ich kann Aggressionen nicht ertragen.

Ehe die Eltern sich mit Karin befassen können, müssen diese sich selbst gegenübertreten. Der Therapeut sieht in der Haltung des Vaters die größere Bereitschaft, sich zu engagieren: Gesichtsausdruck und spontane Mitteilung zeigen es.
Sei faul. Gehe immer auf den zu, der am leichtesten in Bewegung zu bringen ist.

Therapeut: (zum Vater) Hört sich an, als ob Sie am besten wüßten, was zu tun ist. Ich schlage Ihnen vor, daß Sie das Lächeln aufgeben und auf Ihrem Weg bestehen.

Engagement wird empfohlen, nicht Gewalt. Manchmal ist Gewalt für kurze Zeit Teil des erforderlichen Engagements. Es ist besser, sich ihr zu stellen, als das Kind aufzugeben.

Vater: (zum Therapeuten) Wenn meine Frau sich beschwert, daß sie morgens Karin nicht aus dem Bett bekommt, gehe ich hoch, ziehe ihr die Bettdecke weg und hole sie aus dem Bett. Sie wehrt sich etwas und meine Frau stoppt mich.

Alle Bemerkungen sind in der Zeitform der Gegenwart gemacht. Sein Rückgriff auf eine Geschichte aus der Vergangenheit bedeutet etwa: »Ich wage *jetzt* nicht, meine Frau anzugreifen.«
Ziehe Handeln dem Analysieren vor.

Therapeut: Ich glaube weiter, daß Sie am besten wissen, was zu tun ist und daß Sie darauf bestehen sollten.
Vater: (sieht ernst auf seine Frau) Was denkst du?
Mutter: Ich fürchte mich davor, was geschehen wird. Sie wird so zerstörerisch.
Der Vater verfällt in Schweigen. Er erscheint wie ein Mann, der ergeben lächeln oder gewalttätig sein kann, aber wenig über die ungeheuren Möglichkeiten weiß, die zwischen diesen Extremen liegen. Ich (der Therapeut) entschließe mich, ihm für spätere Verhandlungen den Rücken zu stärken, indem ich mit der Frau spreche und ein Beispiel gebe, anstatt den Vater zu beschwatzen weiterzumachen, nachdem er so aus der Erfahrung zu sprechen scheint.
Therapeut: (zur Mutter) Sie sprechen, als wenn sie in diesem Moment nicht destruktiv wäre. Karin steht auf Kriegsfuß mit Ihnen. Ihre Kriegsbemalung sollte Ihnen das sagen; daß sie selbstzerstörerisch wird, anstatt Ihnen zu sagen, wie sehr sie Sie haßt und braucht, sollte Sie nicht täuschen.
Vater: (ermutigt, fährt fort) Daß das sich so verhalten kann, ist mir bis jetzt nicht in den Sinn gekommen, aber ich glaube, er hat recht.
Mutter: Es klingt richtig.

Erlaube nicht, daß Interventionen zum Gesprächsgegenstand gemacht werden.

Weil die Unterhaltung der Eltern sich ohnehin totläuft, beschließe ich wieder, Karins aktive verbale Teilnahme anzuregen, sowohl, um sie wissen zu lassen, daß ihr Mitmachen immer willkommen ist, als auch, um zu hören, was in ihr vorgeht.
Therapeut: Denkst du, daß ich verrückt bin, Karin?
Karin wirft mir einen ärgerlichen Blick zu, nickt und fängt wieder an zu kichern.
Therapeut: Und ich glaube, daß du auch ein wenig verrückt bist, wenn du kicherst und dich selbst häßlich machst, anstatt zu sagen, was dir nicht gefällt.
Karin starrt mich an und blickt dann weg ohne Kichern. Sie hat verstanden, und ich weiß, daß sie bereit ist, sich mit ihren Eltern auseinanderzusetzen.

Therapeut: (diesmal zum Vater anstatt zur Mutter) Was nun?
Vater (ärgerlich werdend): Ich denke an all die Male, wo sie mich gestoppt hat.

Stehe der Intervention nicht im Wege, etwa durch: »Ich sehe, daß Ärger in Ihnen aufkommt. Sie sind jetzt ärgerlich auf sie. Sagen Sie ihr all die Dinge, die Sie ärgerten.« Solche Bemerkungen bringen in Verlegenheit und machen den Teilnehmer zu einer Marionette. Führung ist dann optimal, wenn sie den Weg weist, aber nicht genau vorschreibt.

Therapeut: Sprechen Sie zu ihr.
Vater: (zur Mutter) Ich habe so verdammt viel Ärger runtergeschluckt. Nicht allein wegen Karin. Du hältst auch *mich* zurück. Uns alle. Wir streiten nie. Wir schimpfen nie. Wir lösen nie etwas. Verdammt!
Die Mutter zieht sich feig in Schweigen zurück.

Der Therapeut muß sie in die Schußlinie der Auseinandersetzung bringen. Er tut dies freundlich oder herausfordernd, je nachdem, wie er glaubt, daß er mit den geringsten Anstrengungen am meisten erreichen kann. Trägheit ist wieder seine Richtschnur.

Therapeut: (die Mutter ermutigend) Antworten Sie ihm.
Mutter: Ich habe Angst davor, was geschehen wird.
Vater: Du fürchtest dich immer vor allem, was geschehen könnte. Wir haben es zu riskieren. Wir können sie nicht so weitermachen lassen.
Mutter: Aber was ist, wenn sie wieder Dinge kaputtschlägt, wie schon mal?
Vater: Wir müssen sie an die Kandare nehmen.
Mutter: Ich weiß nicht, ob ich es aushalten kann.
Therapeut: (der glaubt, daß die Mutter das kann) Sie haben keine Wahl. (Und zum Vater:) Glauben Sie, daß Sie mit beiden gleichzeitig kämpfen können.
Vater: (mit Überzeugung) Ja, das glaube ich.
Während dieser ganzen Unterhaltung habe ich Karin beobachtet. Ihre anfängliche Unruhe ist verschwunden. Ihr Kichern ist Ernsthaftigkeit gewichen. Ich schließe daraus, daß Karins non-verbales Verhalten ein Zeichen von Erkennen und tiefer Dankbarkeit über das Vorgehende ist.

Wenn die Richtung einmal eingeschlagen ist und der Ernst des Vorhabens ersichtlich ist, wird Handlung weiterer Diskussion vorgezogen. Der Therapeut kann die Kampfstätte vorschlagen: Entweder können die Eltern angestachelt werden, darauf hinzuwirken, daß Karins Kriegsbemalung vor Ende des Gesprächs beseitigt ist, oder dies kann als Aufgabe bis zum nächsten Besuch festgelegt werden, um ihnen so mehr Zeit zur Verhandlung mit Karin zu geben.

Therapeut: Ich schlage vor, wir hören hier auf. Sie wissen, was zu tun ist. (Zu Karin:) Hast du irgend etwas zu mir oder zu deinen Eltern zu sagen, Karin?
Wie erwartet antwortet Karin nicht. Sie ist ein kluger und erfahrener Guerillakämpfer.
Therapeut: (zu Karin) Ich denke, du hast das Richtige getan, um die Aufmerksamkeit auf die Schwierigkeiten in deiner Familie zu lenken. Es ist schade, daß du es in einer solch selbstzerstörerischen Weise tun mußtest; aber es ist für Kinder unmöglich, es anders zu tun, wenn die Eltern sie nicht lehren, wie. (Karins volle Einsicht in die Mitteilung ist nicht wichtig.)

Sollte der Therapeut noch etwas nicht gesagt haben, so tut er das jetzt.

Therapeut: (zum Vater) Ich glaube, Sie können das schaffen. Ich teile nicht die Meinung Ihrer Frau über Sie. Ich glaube, daß Sie fest sein können, ohne unangemessen streng oder bestrafend zu sein. (Zur Mutter:) Ich glaube, daß Ihre Angst mehr aus der Unerfahrenheit kommt, als daraus, daß Sie schwach oder wirklich ängstlich sind. Etwas Streit in Ihrer Familie wird erfrischend sein. (Dann zu beiden Eltern:) Denken Sie daran, dies ist nur der erste Schritt. Es genügt nicht, Karin zu etwas zu zwingen und zu bekämpfen. Sie muß auch angehört werden. Sie haben noch herauszufinden, was sie in dieser Familie haßt. Wir wissen nur eines bis jetzt, was sie wirklich hassen muß: Selbstzerstörerisch zu sein anstatt fähig, Ihnen ihren Ärger und ihre eigene Meinung zu sagen. Mit Energie ihrer Selbstzerstörung entgegenzutreten, ist der Ausgangspunkt. Diese Angelegenheit verträgt keine Diskussion. Das Nächste ist, ihr zuzuhören und mit ihr auch anderes zu besprechen. (Diese Liste kommender Ereignisse ist der vom Therapeuten ausgedrückte Wunsch. Eine Antwort wird erbeten.) Haben Sie irgendwelche Fragen oder abweichende Auffassungen?

Ob der Therapeut im Gewaltstreich vorgeht (wie oben) oder beinahe unmerklich wie eine leichte Sommerbrise arbeitet, hängt davon ab, was seiner Meinung nach erforderlich ist. Seine Arbeit soll effektiv sein und die volle Reichweite seiner Persönlichkeit ist sein Werkzeug.

Scharfsinn erwächst weitgehend aus der Erfahrung: besonders derjenige, der Teil des spontanen Verhaltens werden soll. Die folgenden Fragen und das folgende Beispiel sind mehr dazu angetan, den Blickwinkel des Therapeuten zu erweitern, als ihn jemandem beizubringen.

Entlang des ganzen Weges, den er mit klaren eigenen Bedürfnissen und persönlichen Antworten mitgeht, bleibt der Therapeut immer wach für das Problem, das vorrangig wird. Beseitigt das Aussprechen des Bedürfnisses dieses Bedürfnis und macht so ein Daraufeingehen überflüssig? Oder wird das Bedürfnis dadurch intensiviert? Führt es zur Erkenntnis eines tieferliegenden Wunsches? Beendet die Antwort das Thema? Oder ist sie der Anfang für weitere Auseinandersetzung?

Ist die hitzige Diskussion notwendig, um zurückgehaltene Frustrationen als Vorbereitung für ernsthafte Verhandlungen zu entladen, oder ist die Erörterung ein beinahe nutzloser Zank, der die Frustration verstärkt? Wenn die Frustration, die aus zurückliegender Verdrängung resultiert, dadurch abnimmt, daß der Ärger sich Luft macht, wenn zum Beispiel ein Kind vehement sagt: »Ich hasse es, daß alles getan werden muß, wie und wann *ihr* es wollt« (selbst wenn es ziemlich übertrieben ist), macht dann das Problem die weitere Diskussion überflüssig oder braucht es sie?

Sind beide Seiten zufrieden mit den erzielten Ergebnissen? Ist gegenseitig ausgedrückte Zufriedenheit notwendig? Ein Kind kann eine Arbeits- oder Hausregel annehmen, muß sie aber deshalb nicht mögen. Unter Erwachsenen ist eher das Gegenteil der Fall. Wird während eines Dialogs ein dritter Teilnehmer unruhig? Nimmt die Entwicklung die Dialogpartner im Moment zu sehr gefangen, um einen dritten Teilnehmer wahrnehmen zu können? Beunruhigt ein Schlußmachen von Zweien den Dritten? Wenn dieses Schlußmachen fehlt, ist das an dieser Stelle von Vorteil? Wen verwirrt das? Soll hier etwas getan werden oder soll es so stehen gelassen werden, damit jeder sich an die wichtige Trennung langsam gewöhnen kann? Wenn ein Dritter sich in den Streit einmischt, braucht er dann Unterstützung? Nimmt dies jemandem die Chance, für sich selbst zu kämpfen? Muß Loyalität verworfen werden? Bewundert? Bewundert und doch Einhalt geboten? Verändert die Teilnahme einer dritten Partei das Problem entscheidend? Ist es eine Veränderung, die stört oder die den Prozeß vertieft? Entsteht dadurch für den Dritten das für ihn wichtige Gefühl dabeizusein, was aber gleichzeitig das ursprünglich Vor-sich-Gehende weniger bedeutsam macht?

Beispiel:
Mutter und Vater sind einer Meinung. Der Vater hat ihrer beider Bedürfnisse laut und klar gegenüber der 14jährigen Tochter Sandra ausgesprochen. Sandra hat wiederum erfolgreich um die Grenzen, die sie wünscht, gekämpft. Das Endergebnis: Sandra macht ihr Bett jeden Morgen, ehe sie zur Schule geht; sie spült dreimal in der Woche ab (und nicht jeden Abend). Sie muß um 10 Uhr abends im Bett sein, wenn sie am nächsten Tag Schule hat (und nicht um 9 Uhr, wie die Eltern ursprünglich vorschlugen); und ihr Taschengeld wird erhöht, damit sie ihre wachsenden persönlichen Bedürfnisse befriedigen kann. Sandra hat erfolgreich gekämpft und die Bedingungen in angemessen zögernder Weise gelassen akzeptiert, ihrem Alter von 14 Jahren entsprechend. Es ist allen klar, daß ihre Gelassenheit eine geheime Befriedigung verbirgt, die besser unausgesprochen bleibt.
Das Unmittelbare ist immer voller Geschehen und Nichtgeschehen. Der Therapeut wartet forschend ab. Wachsam ordnet und prüft er das Unmittelbare. Er bemerkt, daß die Mutter die Brauen runzelt und erinnert sich gleichzeitig ihrer relativen Passivität während der Verhandlungen mit Sandra (die er zuvor beobachtet und als nebensächlich betrachtet hatte). Er fordert sie auf, auszudrücken, was ihr Augenbrauenrunzeln sagt.

Therapeut: Sie scheinen nicht zufrieden zu sein. Was denken Sie gerade?
Mutter: Es ist die Art und Weise, wie er mit Sandra spricht.
Therapeut: Bitte sprechen Sie mit ihm darüber.
Mutter: (zu ihrem Mann) Ich schätze deine Standhaftigkeit im Umgang mit Sandra. Ich könnte sie niemals überzeugen wie du. Und ich weiß, was du ihr sagst, ist richtig. Aber da ist etwas in der Art, wie du es sagst, das mich stört. Manchmal hört es sich wirklich an, als ob du sie haßtest. Ich weiß, du tust es nicht. Ich weiß nicht, was ich sonst noch sagen soll.

Der Therapeut wandert wieder durch das Unmittelbare. Wird Sandra traurig, was anzeigen würde, daß die Mutter auch für sie gesprochen hat? Antwortet der Vater traurig oder verneinend, was sagen würde, daß ihn die Worte der Mutter getroffen haben? Ist die Mutter erleichtert durch dieses Aussprechen? Oder intensiviert es etwas in ihr, das eine weitere Verarbeitung erfordert? Erschrickt ein Sohn, der bis jetzt ruhig geblieben war und abseits zu stehen schien bei den Worten seiner Mutter?
Nehmen wir an, der Therapeut nimmt, während er beobachtet, bei allen gleichzeitig Reaktionen wahr, die seine Aufmerksamkeit verdienen. Aus den vielen Möglichkeiten sucht er sich eine aus. Die eine, die er auswählt, wird von seinem eigenen Weltbild, das er in diesem Moment hat, abhängen. Wer ist er? Die Mutter? Der Vater? Die Tochter? Der Sohn? Wo immer seine stärksten Sympathien liegen, dorthin wird er sich begeben und das wird für ihn der richtige Platz sein.

III. Theorie

1. Der Prozeß: Zwei Punkte und ein Ereignis

Isaac Newton begann mit zwei Punkten im Raum, ließ einen Apfel zwischen ihnen fallen und formulierte das Gesetz der Schwerkraft. Jemand anderes begann mit dem Mond und der Erde, beobachtete die Beziehung zwischen beiden und den Vorgängen an der Meeresküste und erklärte die Gezeiten.

Aristoteles nahm zwei entgegengesetzte Behauptungen als seine zwei Punkte und, indem er das Argument als ein Geschehen zwischen beiden betrachtete, stellte er das Gesetz der Dialektik auf. Diese Männer wußten, was sie taten. In einem anderen Sinne jedoch wußten sie es nicht. Sie waren in ein Prozeßgeschehen einbezogen.

Bis vor kurzem wurde mit dem Begriff Prozeß ziemlich nachlässig umgegangen; man bezog ihn auf alles, was im Wandel war. Heute wissen wir, daß nichts statisch, sondern alles in Bewegung ist, und der Begriff wird genauer definiert. Von einem Prozeß zu sprechen, der sich aus zwei Punkten und dem Geschehen zwischen ihnen zusammensetzt, entspricht einer dynamischen Sichtweise; sie kennzeichnet eine spezielle Methode des Beobachtens, Beschreibens und Bezeichnens von einzelnen Bestandteilen eines gärenden Universums und eine bestimmte Methode, die Welt um uns in eine begreifbare Ordnung zu bringen. Von Prozeß zu sprechen, bedeutet mehr als nur Messung der Entfernung zwischen hier und dort – der Prozeß sagt uns, was das Hier und das Dort miteinander zu tun haben.

Hegel differenzierte Aristoteles' Werk, indem er sagte, jeder Gedanke (These) trage zugleich seinen eigenen Gegengedanken (Antithese) in sich, und wenn diese beiden spezifischen Punkte miteinander konfrontiert werden, vereinigen sie sich (Synthese) zu einem einzigen neuen Punkt (These), der der Beginn einer weiteren Spirale von These-Antithese-Synthese wird. Er behauptete, daß dieses endlose Geschehen der fundamentale Prozeß der Realität sei.

Heute wissen wir, daß Hegels eigentliche Entdeckung, ungeachtet aller anderen Folgerungen, die sie einschließen mag, nichts anderes als der grundlegende Prozeß des menschlichen Geistes selbst ist, der Prozeß, durch welchen der Verstand das Universum ordnet und, indem er das tut, in einen begreifbaren Zusammenhang bringt. Hegel betrachtete sich selbst in einem Spiegel, den er Wirklichkeit nannte. Er wußte nicht, daß er einen kurzen Blick auf den Prozeß der Prozesse geworfen hatte: Bewußtheit (awareness).

2. Bewußtheit: Der Prozeß der Prozesse

Die Kunst des Prozesses ist daher nicht irgend eine kluge Erfindung des menschlichen Verstandes, sondern mehr ein Rück-Erinnern, eine Vergegenwärtigung, ein ins Bewußtseinbringen des dem Verstande innewohnenden Mechanismus' zur Orientierung des Menschen in seiner erdgebundenen Existenz. Die Folgerung hieraus ist enorm. Erforscht man den Prozeß der Bewußtheit, so entdeckt man Gesetze, die alle Prozesse leiten.
Die Gestaltpsychologie, die den Prozeß der Bewußtheit als dieses bemerkenswerte teleskopische Fenster zwischen dem Menschen und seinem Universum erkannte, hat den Spieß herumgedreht: Statt aus dem Fenster nach draußen zu blicken, schaute sie hinein. Indem sie die Bewußtheit zurück auf sich selbst richtete, wurde das Feld bereitet für den langen Weg zur Entdeckung vom Einfluß des Menschen selbst auf sein eigenes Handeln und Erleben. Man hat viel gelernt seit den Tagen Hegels. Zum Beispiel, daß alle Objekte der Schwerkraft oder einer magnetischen Anziehungskraft unterliegen (genannt Liebe oder Sehnsucht, wenn sie sich auf Menschen bezieht), und es ist diese innewohnende Anziehungskraft, die zum größten Teil das Geschehen und letzten Endes das Geschick aller Prozesse beeinflußt. Man weiß auch, daß Synthese oder Vereinigung nicht die einzig mögliche Konsequenz ist. Die Flucht aus dem Erdkreis und die Veränderung in Richtung auf eine Beziehung zu einem dritten Punkt ist auch eine Möglichkeit. Darüber hinaus gibt es Momente, wo der Wunsch nach Kohäsion größer ist als die Kräfte der Adhäsion, so z.B. wenn ein Tropfen Wasser auf eine ölige Oberfläche fällt, und dort ist nur Trennung möglich und keine Verschmelzung.

Besonders wichtig unter den vielen wichtigen Entdeckungen über Bewußtheit und von spezieller Bedeutung für den Gestalt-Familientherapeuten ist der Einfluß des Prozesses, durch den Bewußtheit erst entsteht. Die Bibel mit ihrer denkwürdigen Darstellung vom Erwachen der Bewußtheit – die berühmte Apfelgeschichte von Adam und Eva – offenbart, daß die Bewußtheit selbst ernste und weitreichende Konsequenzen mit sich bringt. Die Bewußtheit ihrer selbst (»... und sie erkannten, daß sie nackt waren«, 1. Buch Moses 3,7) hat in ihnen sofort das Bestreben ausgelöst, sich zu bekleiden und weckte sofort eine Vielzahl anderer Konsequenzen, Konsequenzen, die Gott zugeschrieben wurden (sie wußten noch nichts über Prozesse) und unter denen wir, wie manche glauben, immer noch leiden. In einem noch direkteren Sinn: Wenn alle wissen, daß die Hand im Honigtopf ist – ebenso wenn es erlaubt ist – verliert der Dieb die Lust am Stehlen. Bewußtheit als solche beeinflußt.

Da das Wissen um Prozesse durch Studieren des Bewußtwerdungsprozesses erlangt werden kann, und da der Familientherapeut sich vor allem mit Wachstums- und Wiederherstellungsprozessen befaßt, lohnt es sich zu schauen, wie Bewußtheit entsteht und wächst. Bewußtheit wächst nicht, indem man große Mengen von Informationen sammelt und rasch sortiert (wie Computer, die auch nicht wachsen). Bewußtheit wächst auch nicht durch Vernunft. Bewußtheit wächst leicht und schwerelos ohne Nachdenken durch den Prozeß zwischen jeweils zwei Punkten, durch sich Bewegen zwischen zwei Punkten, bis es genug ist – und im geläufigen psychologischen Jargon: durch Erleben.

Zum Beispiel sieht das kindliche Bewußtsein, das von einem angeborenen Drang zu wachsen angeregt wird, einen kleinen Stein. Mit dem Stein als einem Punkt und dem Finger als dem anderen spielt die Bewußtheit, fühlt sie. Dann werden der Stein und der Mund die zwei Punkte und in den Mund stecken ist das Geschehen. Danach der Stein, der Arm und der Wurf. Bewußtheit spielt, bis sie befriedigt ist, und wendet sich dann anderem zu. Die Bewußtheit hat durch das Erlebnis gelernt. Die Bewußtheit ist gewachsen.

Das Erleben ist der Schlüssel zum Wachstum, zum Wiederwachsen und zum therapeutischen Prozeß: nicht das vertraute und sich wiederholende Erlebnis, nicht das unpersönliche oder dressierte Erlebnis, sondern das intime eigene Erlebnis, das mit seinem Erwachen neue Bewußtheit bringt. Wenn der Gedanke der Vater von Taten ist, dann ist die Bewußtheit die Mutter, und das Erlebnis schließlich die letzte Quelle der Weisheit.

Die Gestalttherapie richtet ihre Aufmerksamkeit auf Erlebnisse, die die Bewußtheit anregen: zu neuer Erfahrung als Gedächtnisstütze und Wegweiser.

3. Die Punkte: Du und Ich

In seinen ersten Gedanken über seine eigene Existenz hat der Mensch sich selbst als *einen* Punkt verstanden und den *anderen* Punkt als außerhalb seines eigenen Ichs liegend, entweder als einen unsichtbaren Gott oder Geist oder als eine sichtbare Kraft wie zum Beispiel die Sonne. Der Einfluß ging nur von einer Seite aus und zwar vom anderen Punkt. Gott beeinflußte den Menschen, nicht der Mensch Gott. Der Mensch versuchte es wohl. Oft wurden Tiere geopfert. Die Azteken brachten auserwählte Herzen ihrer Kinder dar. Schwedische Bauern streuten Pfennige auf ihre Felder, und die Wikinger opferten der See ihre Matrosen. Manchmal hat das Opfer geholfen, manchmal nicht. Aber es ging bei diesem Tun nicht um Erfolg oder Mißerfolg, sondern es war vielmehr eine Tat der Besänftigung und nicht eine, die Gegenleistung erwartete.

Der Mensch konnte sich nicht vorstellen, daß er für Gott bedeutend sein könnte und handelte daher mehr aus Angst als aus liebender Zuneigung. Der Mensch sah sich als hoffnungsloses Opfer, als einen unterwürfigen Diener, der auf eine wohltätige Gabe hofft.

Nach und nach beginnt der Mensch seiner eigenen Kraft mehr zu vertrauen, und heute führt er oft heiße Debatten darüber, wo im Endeffekt die Macht nun liege. In dem einen Extrem verharren diejenigen, die sich verfolgt und dem Leben hilflos ausgeliefert fühlen, während am anderen Ende die Metaphysiker stehen und proklamieren, daß jedermann Gott sei und deshalb in der Tat einen allmächtigen Einfluß auf sein eigenes Geschehen habe.

Aus diesen unterschiedlichen Konzepten erwächst die humanistische Bewegung mit ihrer Ahnung, daß ohne Rücksicht auf die Machtkämpfe um Begriffe im Kosmos, die zwei entscheidenden Punkte im menschlichen Geschehen beide menschlicher Natur sind.

In den Kindertagen der Psychologie, als diese Ahnung zuerst aufkam, richtete sich das Hauptaugenmerk verständlicherweise zunächst auf die Mutter und ihr Kind. Das Wissen um Prozesse war noch primitiv, und der Einfluß wurde immer noch als einseitig angesehen: Die Mutter beeinflußte wie Gott oder die Sonne das hilflose Kind. Gegenseitigkeit, das fließende Hin-und-her, das allen Prozessen eigen ist, der Einfluß des Kindes auf die Mutter wurde total übersehen. Das mütterliche Verhalten, wenn es überhaupt beachtet wurde, verstand man als beeinflußt von eigenen Kindheitserlebnissen.
Die Psychologie hat sich weiter entwickelt, vielleicht zu ihren Jugendjahren und faßt nun die Wechselseitigkeit der Beziehung zwischen Mutter und Kind ins Auge. Mehr noch als das: Sie betont jetzt die Annahme, daß die Gegenseitigkeit in der Beziehung nicht nur in bezug auf Güte, Sorge und Großzügigkeit, den größten Einfluß auf das menschliche Verhalten hat. Ein Kind, das sich seiner Wichtigkeit für die Familie bewußt ist, gedeiht prächtig, während anderen Kindern der Stempel des Unbedeutendseins aufgedrückt wird oder gar mit Sorgfalt für sie das Gefühl von Wertlosigkeit aufgebaut wird.
Die Wünsche der kleinen Kinder sind einfach und sachgemäß. Sie wollen, daß man sie sieht und sie braucht. »Guck mal, wie ich das mache« und »Laß mich das tun« sind ihre ständige Rede. Auch wenn man einwenden mag, daß die Kraft, das Geschehen seines eigenen Lebens zu beeinflussen, in jedem einzelnen liegt, so ist doch wenigstens eine Person nötig für ihre Freisetzung (Verwirklichung, Bewußtwerdung). Diese Tatsache folgt aus dem Prozeß der Bewußtheit. Wenn man sich reich fühlt an kostbarer Bezogenheit, wird es in zunehmendem Maße möglich, die beiden Punkte im eigenen Geschehen selbst zu sein. Wenn dieser Zustand jedoch zu früh angestrebt oder vorangetrieben wird, ist das Endergebnis ein unproduktives, zersplittertes Vor-sich-Hinträumen und ein unersättlicher Hunger nach Kontakt. Es gibt keinen Ersatz für den anderen, der als Person gebraucht wird.

4. Unser Geschehen: Trennung und Vereinigung

Bezogen zu sein auf andere wird oft als etwas Freiwilliges angesehen. Das ist es nicht. Wir sind bezogen. Die Frage ist nicht, *ob*, sondern *wie*. Die Pole der Beziehung sind Getrenntsein und Vereintsein. Getrenntsein ist eine Dimension der Beziehung, nicht eine Störung.

Die endlose Suche nach einem optimalen Bezogensein kann sichtbar werden in einem Disput zwischen Mutter und Tochter über die richtige Bettgehzeit, in der Debatte zwischen Geschwistern, wer die Milch wegstellt, in der Diskussion von Mann und Frau über außereheliche Beziehungen, in einer hinreißenden Umarmung von Liebenden, in der Trauer einer Frau um ihren toten Mann. Sie ist auch nicht ausschließlich auf die Familie beschränkt. Angefangen beim Geschrei der Nachbarkinder bis hin zu den großen Aufgaben der Diplomaten bei den Vereinten Nationen sind alle Bemühungen charakterisiert durch den endlos wechselnden Wunsch nach Trennung und Vereinigung.

Von der Empfängnis an scheinen Differenzierung und Trennung das Hauptstreben in der menschlichen Entwicklung zu sein: Zellen teilen und differenzieren sich. Neugeborene entwickeln sich weiter und lösen ihre Nabelschnur, Kinder werden reif und verlassen das Haus ihrer Eltern. Bei jedem dieser Fälle jedoch führt das Ergebnis nicht zu einer dauerhaften Trennung, sondern zu einer höheren Form von Vereinigung; Zellen teilen und trennen sich nur, um sich mit anderen Zellen zu vereinigen. Hierdurch schaffen sie Organe, welche sich ebenfalls vereinigen, um so den gesamten Organismus zu bilden. Das neugeborene Kind vereinigt sich sofort wieder mit seiner Mutter zu einer neuen Einheit, obgleich von anderer Natur; und das herangewachsene Kind verläßt seine Familie, um eine andere, länger anhaltende Einheit, seine eigene Familie, zu bilden.

In ähnlicher Weise führt Vereinigung zu Teilung und Trennung. Eine Vereinigung zwischen einem Mann und einer Frau kann das bedeutsamste, differenzierteste Getrennte schaffen – ein Kind. Das Neugeborene, wiedervereinigt durch das Stillen an der Mutterbrust, trennt sich davon, wenn es befriedigt ist. Ein Kind, das sich der richtigen Verbindung zur Mutter gewiß ist, ist begierig hinauszuspringen und zu spielen, sich zu trennen. Ein Paar, glücklich verbunden, gibt einander die notwendige Voraussetzung für weiteres Wachstum und persönliche Entfaltung (differenzierte Trennung). Wenn die Trennung erfolgreich ist, so resultiert daraus der Wunsch nach Wiedervereinigung. Wenn die Vereinigung erfüllt ist, folgt der Wunsch nach weiterer Trennung und Differenzierung.

Vom psychologischen Standpunkt ist es dasselbe: Wenn das Geschehen zwischen Personen richtig abläuft, schafft jeder für sich und innerhalb seiner selbst neue Einheiten (integriert, erinnert sich, verwirklicht, baut auf), was wiederum zu seinem neu differenzierten Selbst auf der Suche nach Vereinigung führt. Ob wir dich und mich unter dem glorreichen und riesigen Titel von »Totality and Infinity« wie Levinas* besprechen oder ob wir einfach von dir und mir im Hier-und-jetzt sprechen, das fundamentale und endlose Geschehen zwischen uns ist der Prozeß von Trennung und Vereinigung.

Damit das Geschehen gut vonstatten geht, muß die Trennung richtig vorgenommen werden. Sie darf weder eine Flucht noch ein Rückzug sein. Ein Weglaufen von zu Hause ist z.B. eine ungeeignete Trennung, welche für die nächste Verbindung Probleme verspricht. Die Alternative ist nicht unbedingt ein Verweilen. Die Alternative besteht darin wegzugehen, nicht wegzurennen: die Pein des Zusammenseins und vielleicht auch die Angst des Weggehens laut herauszuschreien und zu beweinen; und wenn dann der Wunsch zu gehen immer noch vorhanden ist, fortzugehen.

Wenn die Phase der Trennung richtig beendet wird, ist das Trennungsstadium, das folgt, unbelastet von störenden Überbleibseln. Es gibt dann weder Stolz noch Bedauern, Verachtung oder Schuldbewußtsein. Erregung, die manchmal als Angst empfunden wird, charakterisiert das Stadium der Trennung, wenn der Wunsch nach einer neuen Bindung erwacht, und die Suche beginnt mit neuem und doch unerprobtem Geschick. Es entsteht ein tiefes Gefühl sehr persönlicher Befriedigung, in dem man die eigenen Grenzen fühlt und die Einmaligkeit seiner eigenen einzigartigen Existenz langsam zu genießen beginnt. Es geht einher mit dem verblüffenden, doch angenehmen Gefühl, zwei Mittelpunkte zu haben, einen privaten und einen, den man teilt.

Die Vereinigungsphase des Prozesses verlangt ebensoviel Sorgfalt und ist charakterisiert durch eine tiefgehende persönliche Gegen-

* Levinas, Edmund (1969): Totality and Infinity, Duquesne University Press, Pittsburg, Pensylvania, USA.

seitigkeit – ein Austausch vom Wesen her. Es ist nicht die unausgeglichene Gegenseitigkeit von Lehrer und Schüler, von Unterhalter und Zuhörer oder vom Therapeuten und seinem Patienten. Bewunderung, Applaus, Unterwürfigkeit und Bezahlung sind die Trostpreise für eine nicht vorhandene Gegenseitigkeit. Aber sie ist auch nicht einseitig. Informationen, Unterhaltung und Hilfe sind Trostpreise, die von Lehrern, Unterhaltern und Therapeuten ausgeteilt werden und die Personen ersetzen sollen. Solche Verbindungen bringen höchstens Aufmunterung und vorübergehende Erleichterung vom Unbehagen über einen blockierten Prozeß der Vereinigung und der Trennung.

Echte Vereinigung ist Hingabe an den anderen und an sich selbst: das Miteinanderteilen eines jämmerlichen Brockens zwischen zwei Hungernden; das Riskieren des eigenen Lebens zur Rettung des anderen; das Nachhause-Eilen, um gute Nachrichten mitzuteilen.

Erfüllung und ein beträchtliches Gefühl von Grenzenlosigkeit charakterisiert eine glückliche Verbindung. Im günstigsten Falle hat man das Gefühl, daß alles möglich ist, im schlimmsten Falle, daß das Leben zu ertragen ist. Es besteht ein wesentlicher Unterschied zwischen ausgefüllt und erfüllt sein. Studenten sind ausgefüllt, Liebende sind erfüllt. Ausgefülltsein hängt größtenteils von den anderen ab, während Erfüllung mehr in den eigenen Händen liegt; dies hat etwas damit zu tun, ob man weiß, was man will, dann sucht man es nämlich bei dem anderen mit vollem Einsatz und grämt sich entsprechend, wenn man es nicht bekommt. Erfüllung ist eine Verwirklichung, die zu neuer Trennung führt: einer Trennung, die die Verbindung fester in der tatsächlich vorhandenen Realität verwurzelt; oder einer Trennung, die jemanden dazu führt, die gewünschte Verbindung woanders zu suchen. Familientherapeuten verschreiben keine Partner, sie ölen nur den Prozeß von Trennung und Vereinigung.

5. Die wesentlichen Bestandteile

In der Verbindung zwischen neugeborenem Kind und seiner Mutter (und deren milchspendender Brust) zeigt sich z. B. die einfachste Form des ewig wechselnden Prozesses von Vereinigung und Trennung. Er beginnt mit einem Verlangen, das erfüllt wird und in einen Zustand der Ruhe mündet, der andauert, bis das nächste Verlangen aufkommt. Die fundamentalen Bestandteile sind also: Verlangen – Erfüllung – Ruhe.

Der Prozeß ist selten so einfach. Oft stimmen Wünsche nicht überein. Dann kommen Konflikte und Kämpfe als notwendige Schritte im Prozeß hinzu. Er wird nun charakterisiert durch: Verlangen – Konflikt – Kampf – Erfüllung – Ruhe.

Zum Beispiel: Ein Vater liest seinem Kind eine Gutenachtgeschichte vor und erfüllt ein beiderseitiges Verlangen nach Verbundensein. Aber, wie es manchmal ist, die Erfüllung läuft nicht parallel. Wenn die Geschichte fertig ist, ist der Vater bereit zu gehen – bereit für die Trennung –, während seine Tochter, die noch nicht müde ist, es vorziehen würde, die Gemeinsamkeit fortzusetzen. Der Vater sagt: »Gute Nacht«, und die Tochter bittet um ein Glas Wasser. Da beide danach streben, das zu erreichen, was sie wollen, führt der Konflikt zu einem offenen Streit. Der Vater schreit: »Höre auf, das Einschlafen hinauszuzögern!« Die Tochter weint: »Das tue ich doch nicht, ich habe wirklich Durst und auch ein bißchen Hunger.« Der Konflikt und der Kampf bringen sowohl Trennung (der Position) als auch Gemeinsamkeit (gemeinsamer Kampf), und es geht so lange weiter, bis auf irgend eine Weise Ruhe für beide eingekehrt ist. Der Konflikt und der Kampf sind wesentliche Bestandteile.

Bemühungen, den wesentlichen Konflikt vorzeitig aus dem Geschehen auszuschließen, sind üblich. »Laßt uns einen netten Abend nicht durch einen Streit zerstören.« Aber wenn er richtig durchgetragen wird, ist er oft der notwendige Zuckerguß auf den Kuchen des Verlangens, und erst so spürt man die Freude der Erfüllung, ob es nun Vereinigung oder Trennung bedeutet.

Der Kampf ist für einen Konflikt, was der Magensaft für die Verdauung ist; aber da gibt es diejenigen, die versuchen, der Zwietracht ohne Kampf zu begegnen. Sie schließen Verträge, treffen Vereinbarungen. Manchmal wird in der vergeblichen Hoffnung, eine wacklige Einheit zu stabilisieren, die unverhohlene Leugnung versucht. Solche Dinge stabilisieren nicht, sie lähmen. Das Ergebnis besteht in heimlichem Kampf ohne Erleichterung, in Kleinkrieg und in einem Familienmitglied mit einem chronischen Symptom.

Wenn Konflikt und Kampf nicht genügen, um einen Prozeß abzuschließen, muß ein weiterer Bestandteil hinzukommen. Erfüllung wird ersetzt durch Schmerz. Dann ist der Weg von Verlangen zur Ruhe: Verlangen – Konflikt – Kampf – Schmerz – Ruhe.

Schmerz ist auch ein wesentlicher Bestandteil, den viele vom Lebensprozeß der Trennung und der Vereinigung auszuschließen versuchen. Aber Schmerz ist für die Trennung, was Zufriedenheit für die Vereinigung ist – ihre natürliche Konsequenz; sie muß erlebt werden und darf nicht ausgelassen werden. Wenn diese Konsequenz nicht zugelassen wird, werden die Trennungsaspekte des Prozesses durch große Furcht verdeckt, die Vereinigung wird entweder in den Himmel gehoben und überbewertet oder aber leichtfertig verschmäht. Sicherheit wird oberstes Ziel, und eine Verbindung wird nervös aufgegriffen und nicht mit offenen Armen willkommen geheißen.

Nichts hält ewig an. Es ist auch möglich, sich zu trennen und wieder zu vereinen, ohne Konflikt, Kampf und Schmerz. Genau so wie es möglich ist, seinen Nächsten wie sich selbst zu lieben. Aber beides geht nicht von Anfang an, sondern ist Ergebnis eines Lernprozesses. Beides resultiert aus ernsthaftem Sichauseinandersetzen mit anderen und sich selbst.

Das gesunde Geschehen also, das angetrieben wird von dem widersprüchlichen Verlangen nach Gemeinsamkeit und Getrenntsein, ist ständig auf der Suche, auch wenn dies mit Schmerz und Furcht verbunden ist. Es kommt zur Ruhe, wenn eine Phase abgeschlossen ist und bereitet sich so auf das nächste notwendige Handeln, auf sein nächstes Begehren und Suchen vor. Und es offenbart den Erfolg des vorangegangenen Geschehens in den Veränderungen, die das folgende Geschehen auszeichnen, nicht darin, daß Konflikte ausbleiben.

6. Therapie: Beeinflussung des behinderten Geschehens

Freudiges Verlangen, sprühender Konflikt und verschwenderische Ruhe charakterisieren den Verlauf des gesunden Geschehens. Wenn der Prozeß jedoch ins Stocken gerät, wird das Geschehen umgekehrt ein andauernder stumpfsinniger grauer Schmerz, charakterisiert durch Langeweile und Gleichgültigkeit, physische Pein und Qual, Einsam-

keit und Depression, Frustration und Zorn, Bitterkeit und Zynismus – und chronische gegenseitige Unzufriedenheit.
Ein steckengebliebenes Geschehen hat vier Hauptmerkmale, die an des Menschen primitivste Gedanken über sich selbst im Universum erinnern:
Es sind immer zwei Elemente im Widerstreit:

Ich gegen dich
Ich gegen meine Kopfschmerzen
Ich gegen mein Unvermögen
Ich gegen meine Ideale

Einer ist immer der Tyrann des anderen, des Opfers.

Mein Kopf tut mir weh.
Du frustrierst mich.
Du bist zu gut für mich.
Du überwältigst mich.

Das Opfer bin immer ich. Das Opfer ist immer unschuldig.

Ich wünschte, ich könnte beeinflussen (dich, meine Kopfschmerzen, deine Überschwenglichkeit, die Götter). Aber ich weiß nicht wie. Vielleicht wenn ich ein Opfer bringe ...

Die Aufgabe der Therapie besteht darin, vergessene Wünsche wachzurufen (zurückrufen), alte Konflikte zu entflammen und alle Kämpfer so lange an der Front zu halten bis jeder gewinnt. Mit dem Bewußtwerden solcher Siege werden neue und alte Kämpfe wach und ähnlich gelenkt. Wenn die Familie den therapeutischen Prozeß begriffen hat, ist die Therapie beendet.

Die Wahl des Ansatzpunktes

Die Behebung eines geringfügigen, gewöhnlichen, alltäglichen und gegenwärtigen Konfliktes ist der Bezugspunkt für alle therapeutischen Aktivitäten (bis er abgelöst oder ersetzt wird durch einen anderen unmittelbaren Konflikt von höherem Rang, d.h. einem, der den vorhergehenden miteinschließt).
Diese Tatsache im Auge behaltend, ermittelt der Therapeut fortwährend seinen Arbeitsansatz durch Weiterentwickeln. Unabhängig

von der Zahl der Familienmitglieder und unabhängig von den vielen Dingen, die auf einmal geschehen, wählt der Therapeut sich selbst als den einen Ausgangspunkt und das größte Hindernis als den anderen Punkt, um den derzeitigen Konflikt aufzulösen, und versucht, mit diesem Punkt in Beziehung zu treten. (Wenn er ihn nicht finden kann, wird sein eigenes Verirren kurz zu diesem anderen Punkt, entweder für ihn allein oder unter helfendem Einsatz der Familie.)

Das Auge des Therapeuten und der grollende Blick eines Vaters treten in Beziehung zueinander. Der Vater sagt, es sei wegen seiner Tochter Jan. Das Grollen und Jan werden gegenübergestellt. Ihre Unterhaltung zerrt schmerzhaft an den Nerven. Die Unzufriedenheit des Therapeuten und die Nervosität der Mutter schalten sich für einen Augenblick ein, indem der Therapeut die Mutter einlädt zu sprechen. Sie sagt dem Vater, daß er unfair sei, daß Jan nicht so schlecht sei, wie er meint. Vater und Mutter werden zum neuen Arbeitsansatz, indem sie heiß über Jans wirkliche Tugenden debattieren. Bevor der Therapeut den sinnlosen Streit unterbrechen kann, stellt sich Jans Bruder Rick auf die Seite des Vaters. Jan greift Rick an. Der Vater greift Jan an, weil die Rick angegriffen hat. Die Mutter weist nüchtern darauf hin, daß das Verhalten des Vaters ein weiterer Beweis für seine Unfairneß gegenüber Jan sei. Nun ist der Therapeut zufrieden: Die Familie unterhält sich.
Im Fortlauf des „Handgemenges" wird der Vater der Mutter gegenüber laut und beleidigend. Unter anderem beschuldigt er sie eines abgekarteten Verhaltens mit Jan, um ihn zu besiegen. Die Mutter neutralisiert seinen Ärger wirksam mit Tränen, und wie es oft bei vielen Familien passiert, stockt damit auch die Diskussion. Das Bestreben des Therapeuten, zu einer Lösung zu kommen, läßt ihn stumm Einspruch gegen das eingestellte Feuer erheben. Er weiß nicht, welchen Weg er beschreiten soll, und er gibt sich für einen kurzen Augenblick einem inneren Dialog hin.
Er sieht die Kinder als gesunde, loyale, tatkräftige und unschuldige Schachfiguren. Er denkt, daß die Mutter recht hat, aber der Vater unterwirft sich eher ihren Tränen als ihrer Klugheit. Der Therapeut muß seine Träumerei beenden, um dem Vater entgegenzutreten. Was wird es werden, Inhalt oder Prozeß. Soll die Klugheit der Mutter unterstützt werden oder soll der Vater konfrontiert werden mit seinem Nachgeben gegenüber Tränen?
Die innere Suche des Therapeuten führt ihn woandershin, und er muß folgen: Des Vaters übertriebener Ärger ist als größtes Hindernis zu sehen.

Er verdirbt jedes Familiengespräch. Das Bestreben des Therapeuten, einen Entschluß herbeizuführen, und der Ärger des Vaters werden die entscheidenden Punkte, und der Therapeut sagt zum Vater: Ihr Ärger ist Ihr Feind, nicht Ihre Frau. Er macht Sie blind für Ihre Familie. Er springt in jede Konversation hinein wie ein junger Hund. Aber ich glaube, es ist ein alter Hund, und ich möchte ihn kennenlernen. Was war die größte Frustration in Ihrem ganzen Leben?

Der Therapeut erwartet keine fertige Antwort, aber die Suche nach der tatsächlichen Zielscheibe von Vaters Ärger wird nun zum Arbeitsansatz für die ganze Familie. Es ist ein notwendiger Abstecher, vielleicht gibt es einige alte Ruinen zu besuchen, aber eine Reise, die seine ganze Familie mit ihm macht.
Sie werden hoffentlich alle besser ausgerüstet zurückkehren, um den augenblicklichen Konflikt, in dem die Frustration des Vaters entstand, zu beheben.

Das Gespräch ist das Mittel

Das Gespräch ist nicht nur das Mittel, das die Behandlung ermöglicht, sondern im Gespräch kann subtiles Verstehen und höchste Gemeinsamkeit erreicht werden. Mehr noch als das: Es ist die Sprache und das gesprochene Wort, durch welches der Mensch sich ändern kann.
Aber nicht immer bringen Gespräche gewinnbringende Veränderungen. Ein Gespräch, das darauf angelegt ist, den Sprechenden zu tarnen, den anderen zu manipulieren oder eine persönliche Begegnung zu umgehen, bringt meistens nicht Vertrautheit oder Veränderung mit sich. Therapeutische Gespräche – solche Gespräche, die zu Vertrautheit führen und die die Möglichkeit zu persönlicher Entwicklung vergrößern – sind ausdrucksvoll, offenbarend, selbstenthüllend. Die Worte anderer können geleiten, können Verstehen ausdrücken, können neue Perspektiven eröffnen, können inspirieren oder entmutigen; aber nur die Worte, die aus dem eigenen Mund kommen, bewirken Veränderung – einfach durch die Tatsache, daß sie ausgesprochen werden – oder, im Sinne der Therapie, Heilung.
In einem sehr realen Sinne ist daher der Therapeut nicht therapeutisch. Es kann bestenfalls therapieverstärkend wirken: Er kann nur

die Familienmitglieder zu den therapeutischen Worten hingeleiten, die jeder für sich selbst sprechen muß.

Die Hauptbestandteile

Bei einer Bemerkung, die therapeutisch sein soll, d.h. die den Sprecher verändert, müssen vier Bedingungen erfüllt sein:

1. Es muß gekämpft werden.
Veränderungen werden im Feuer des Kampfes geschmiedet. Flüchtige Unterhaltung bringt Wissen und Verstehen und kann einen bestenfalls in eine Konfliktzone bringen. Aber bevor es zu Veränderung kommen kann, muß es Auseinandersetzung geben. Ein Kampf braucht nicht immer tödlich zu sein. Er kann aufregend, erfrischend, herausfordernd und sogar erfreulich sein. Aber er erfordert Tränen und Schweiß. Kampf braucht nicht immer zwischen zwei Menschen stattzufinden; er ist oft ein Kampf mit sich selbst. Aber es gibt keinen Kampf zwischen leblosen Objekten oder unpersönlichen Idealen. Er muß Personen betreffen.

2. Der andere – der Zuhörer – muß wichtig sein.
Wenn man seine größten Sorgen einem relativ Fremden (Freund, Therapeut, Priester, Barmann) anvertraut, bringt das Bekenntnis Erleichterung, aber nicht Veränderung. Wenn man seinen Ärger an einem frustrierenden Motorradfahrer ausläßt, erreicht man ebenfalls wenig. Die Mitteilung muß auf ein wichtiges Gegenüber treffen: eine Person, mit der man um Einigung und Trennung kämpft, eine Person, der gegenüber man beim Sprechen sein Leben wagt. Sogar wenn die Mitteilung ein Geständnis an sich selbst ist, das nur nach außen gebracht werden muß, so muß der bedeutsame andere, der nur als Zeuge der Offenbarung dient, von einem als kompetent eingeschätzt werden. Der Zeuge könnte ein ergebenes Tier sein, aber nicht ein Depp oder ein Fremder.

3. Die Worte müssen passen.
Die Mitteilung muß die feinsinnigste und umfassendste Aufsummierung von jemandes eigener Existenz in diesem Moment und in dieser Situation sein. Es kann eine ausführliche Verteidigungsrede

oder ein einfach ausgedrücktes Gewahrwerden sein wie »Ich kann nicht«. Es ist die Ganzheit der Botschaft, die Worte richtig macht und nichts anderes. Wenn die Worte richtig sind, gibt es keine Ambivalenz, keine Unsicherheit, keine Beschuldigung, keine Selbstdiskriminierung. Da gibt es nur Gewahrwerden mit dem ihm zugehörenden Schmerz.

4. Die Worte müssen vom Gipfel des Affektes getragen werden.
Ganz gleich wie persönlich Worte sind und wie passend oder unpassend im Hinblick auf einen wichtigen anderen sie sind, sie kommen nicht an, wenn sie wie Wasserstandsmeldungen klingen.
Das begleitende Gefühl (die Musik) erst macht die Botschaft vollständig. Andererseits aber kann Musik, ganz gleich wie wundervoll sie ist, ohne Worte nicht heilen. Ohne Worte gibt es nur Erleichterung und ohne Musik nur intellektuelles Verstehen. »Wie fühlen Sie sich« ist eine der üblichen Fragen von Therapeuten; sie ist geeignet, Antworten hervorzulocken, aber nicht Gefühle. Sie ist eine alberne Frage. Das Gefühl kommt auf, wenn die richtigen Worte gewagt werden. Wenn das nicht der Fall ist, fehlt die Bewußtheit darüber, was man wirklich sagt. Der Geist kann Bewußtheit lähmen, der Körper kann das nicht. Verbaler Ausdruck von momentanen Körpergefühlen und Bewegungen ist eher in der Lage, Bewußtheit erneut zu entzünden und die Gefühle zu aktivieren. Der entsprechende Affekt bestätigt die Worte und kündet Veränderungen an.

Die Trauerreaktion liefert ein relativ reines Beispiel der vier wesentlichen Bestandteile. Veränderung – in diesem Falle Befreiung vom Leid der dauernden physischen Trennung – tritt ein, wenn die Worte und die Affekte sich direkt an den Verstorbenen wenden. Weinen, Schreien, Hassen, Kreischen und stilles Leid sind Teile der notwendigen ganzen Arbeit, die geleistet werden muß. Wenn sie jedes einzelne Mal gründlich getan wird (sie verlangt oft Wiederholung über eine Reihe von Jahren), tritt schließlich beides ein: eine mit sich versöhnte Getrenntheit und tief empfundenes Vereintsein mit dem Toten – ohne belastende Rückstände. Die Andenken können weggeräumt werden.
Wenn eine Familie zur Therapie kommt, sind gleich die ersten bei-

den Bedingungen erfüllt: Es ist ein Konflikt vorhanden, und die wichtigen anderen sind anwesend. Anfangs braucht der Therapeut nur ihre Unterhaltung zu leiten (3 und 4).
Ab und zu ist mehr erforderlich als nur Führung. Es ist nicht zu vermeiden, daß Konflikte zwischen dem Therapeuten und einzelnen Familienmitgliedern entstehen; dann kann er nicht länger der distanzierte Führer bleiben. Er muß sich selbst in den Kampf hineinbegeben und für Veränderung bereit sein. Ansonsten wird er unter der Maske des Professionalismus unterstellen, daß er immer recht hat und daß nur sein Patient sich ändern muß.
Das Argument, daß die persönlichen Reaktionen des Therapeuten ausschließlich ihn allein angehen, entstellt das Problem und verhindert wertvolle Möglichkeiten für seine eigene Weiterentwicklung. Wo er erstmals seine Reaktionsweisen lernte und warum sie entstanden sind, diese Fragen sind ohne Bedeutung. Es genügt zu wissen und es dabei zu belassen, daß jeder unschuldig sein Verhalten durch die besonderen Umstände seines Lebens erwirbt.
Die Lebensaufgabe ist das *Jetzt.* Wenn man davon ausgeht, daß Reaktionen in der Verantwortung dessen liegen, der sie hat, und nicht in der dessen, durch den sie angeregt wurden, wird sofort die Chance für eine persönliche Reaktion gegeben und folglich auch die Möglichkeit zu neuen Erfahrungen, neuer Bewußtheit und neuem Wachstum. Es mag sich jemand fragen: »Wie kann ich das erledigen? Schließlich ist dieses Familienmitglied kein für mich wichtiger anderer und ohne dieses Element gibt es weder einen Grund für ein solches Sich-Einlassen noch einen Nutzen, den ich daraus ziehen kann.« Aber sowohl Grund als auch Nutzen sind vorhanden. Die Frage ist nicht, ob der Therapeut »das« erledigen kann. Wenn er seine Arbeit und sein Leben ernst nimmt, wird er innerlich oft angesprochen sein. Eine vielleicht interessante Frage ist, was er mit diesen Gefühlen anfängt. Erzählt er seinem Ehegatten oder seinem Kollegen davon? Schreibt er einen Artikel darüber? Trägt er sie zu seinem eigenen Therapeuten? Indem der Therapeut seine Reaktionen innerhalb seiner Arbeit beläßt und sie an die Person leitet, die sie angeregt hat, bringt er Realitäten in die Therapie und Echtheit in seine Beziehungen zu den verschiedenen Familienmitgliedern. Hinzu kommt, daß sein beispielgebendes Verhalten den optimalen

Ton für Familiengespräche schafft: eine Atmosphäre der mutigen Selbstoffenbarung. Äußerst wichtig dabei ist, daß er jedem Familienmitglied, an das er von Zeit zu Zeit seine persönliche Mitteilung richtet, die Chance bietet, auf gleicher Ebene mit ihm zu stehen und sich wichtig zu fühlen. »Wie zum Teufel können Sie daneben sitzen und Ihre Kinder so mit Ihrer Frau sprechen lassen?!« hilft allen mehr, als ein kühles: »Sie sehen blockiert aus. Ich frage mich, was Sie gerade jetzt fühlen?«, dem eine professionelle Abhandlung folgt, betitelt: Die Schwierigkeiten des passiven Vaters.

Therapeuten täten gut daran, den folgenden Eid zu leisten: Im eigenen Interesse und in dem meiner Klienten will ich jeden, mit dem Zeit zu verbringen ich mich entschlossen habe, als einen wichtigen anderen für mich sehen, gleichgültig ob er es wünscht oder nicht.

Der Vorgang einer tiefen persönlichen Veränderung ist religiösen Kreisen vertrauter als er es im Bereich der Psychologie ist. Vielleicht hat das damit zu tun, daß der lebenswichtige andere (Gott) die an sich schon schwierige Aufgabe nicht belastet mit eigenen kleinen Persönlichkeitszügen. Zum Beispiel spricht Hiob (7, 11) von seiner Enttäuschung über Gott, indem er zu ihm sagt:

»Deswegen will ich nicht abstehen von meiner Klage. Ich will die Angst meiner Seele kundtun und klagen in aller Bitterkeit.«

Die sprichwörtliche Geduld von Hiob ist verdächtig. Wenn man ihn schon als geduldigen Mann betrachten muß, hat er offensichtlich eine aktive, dynamische, tätige Geduld. Er bleibt nicht ruhig. Wiederholt erhebt er bei Gott Einspruch, wenn er nach Verstehen jenseits der Vernunft sucht. Schließlich wird er belohnt. Sein größeres Selbst (Gott) wird ihm offenbart, seine Qual verläßt ihn, und noch einmal werden alle auf den Pfad der Verwandlung hingewiesen.

Zugegeben, Hiob hatte es leichter als die meisten von uns. Seine Arbeit wurde nicht durch einen argumentierenden anderen verkompliziert. Außerdem konnte er sich auf ein untadeliges Verhalten in der Vergangenheit berufen und hatte unerschütterlichen Glauben an sein Gegenüber.

Die Aufgabe, das eigene innere Licht durch ein anderes menschliches Lebewesen zu finden, ist erschwert durch den Zusammenprall der verschiedenen Persönlichkeiten und durch unseren eigenen getrübten Glauben an uns selbst und an den anderen. Trotzdem ist der Pfad der gleiche: Standhafte Selbstoffenbarung, die laut protestiert und laut lobpreist.

7. Die Familie: Die Inganghaltung des Prozesses

Oft hört man: Nun ja, letzten Endes steht man nur sich selbst gegenüber. Mit diesem Gedanken stürzen sie sich auf das Werk, das Perls so meisterhaft in der therapeutischen Szenerie eingeführt hat. Sie konfrontieren sich selbst bei jeder Wendung und erlauben sich keine Erholung. Mit einem Achselzucken und einem »Nun ja, da hilft nichts« lieben sie sich selbst und vergeben sich selbst, wenn sie nicht weiter können. Sie differenzieren und integrieren sich selbst. Und wenn alles beendet ist, stehen sie aufrecht, bereit und eifrig, aber mit der beunruhigenden Frage: »Was nun?«

Wäre derselbe Kampf im Zusammenhang eines größeren Kampfes zwischen zwei Personen geführt worden, wäre ein »Was nun« am Ende weniger wahrscheinlich. Dieses Überbleibsel läßt einen Kurzschluß vermuten. Es dauert lange Zeit – länger als die meisten leben –, um genügend von anderen in der richtigen Art und Weise zu bekommen, so daß man sich selbst genügt. Sich selbst zu genügen bedeutet hier nicht, daß man die anderen Menschen nicht länger braucht. Im Gegenteil: Es bedeutet zu wissen, wie notwendig der andere ist, ganz besonders, wenn man Defizite in sich selbst entdeckt. Es bedeutet zu wissen, wie man andere braucht als notwendiges Baugerüst, um die für die eigene Wiederherstellung notwendige Stärke und Geschicklichkeit zu gewinnen, und daß man die anderen nicht als Baumaterial verkennen darf.

Es bedeutet das eifrige: »Was nun?«, das suchend fragt: »Was brauche ich nun noch von wem?«

Es genügt nicht, einiges zu wissen. Es genügt auch nicht, etwas zu tun. Wissen fördert Ideen, nicht Menschen. Handeln fördert Geschicklichkeit; es macht nicht menschlich. Ehe man über sich hinaus gelangen kann, muß man sich selbst sehen. Um das zu erreichen, muß man gesehen werden. Ehe man über sich hinaus gelangen kann, muß man seine eigene Stimme hören. Um das zu erreichen, muß man gehört werden. Um seine besten Möglichkeiten zu erschließen, genügt es nicht, sein eigenes Abbild auf dem Wasserspiegel zu sehen oder in den schweigsamen Wald hineinzuschreien oder seine eigenen Gedanken im Geheimen zu denken. Kinder wissen darum, daß ihr Wissen und ihr Tun nicht ausreichen. Sie sind genügend unbefangen, jemandem dies ohne Verlegenheit anzuvertrauen, und klug genug, ohne Zögern oder Hinterlist zu sprechen.

(Heute sagte mein kleiner Sohn Noah: »Ist es nicht komisch, daß wir das Blut und die Knochen in unserem Leib nicht fühlen können?« Das wesentliche Phänomen war, daß er seinem eigenen Bewußtwerden zuhörte, während es über einen zuhörenden anderen wieder zu seinem eigenen Ohr zurückkehrte. Eine Antwort von mir zu erhalten, war nicht das Ziel.) Kinder wissen, daß der Prozeß, der einen zum Menschen werden läßt, buchstäblich durch Sich-in-Beziehung-Setzen erfolgt, durch Sich-einem-anderen-gegenüber-Wiedergeben.

Kinder wissen noch mehr. Sie wissen, daß es nicht einfach irgendwer sein kann. Sie wissen, daß es jemand sein muß, der ihr Leben ebenso hoch einschätzt wie sein eigenes. Der Therapeut kann weder für ein Kind, noch für einen Erwachsenen – gleichgültig wie persönlich oder geschickt er vorgeht – so weit gehen. Er kann nicht so bedeutsam werden. Er kann dem nahekommen, kann einen Vorgeschmack geben, eine Hoffnung, bestenfalls ein Stück davon geben, dann, wenn seine eigene Lebensentwicklung für einen kurzen Augenblick die seines Patienten kreuzt. Aber zur Aufrechterhaltung des Prozesses bedarf es mehr als nur eines bedingt wichtigen Gegenübers: Man braucht dazu ein Gegenüber, das in einem lebt, eine Person, deren Vorhandensein wichtig ist wie ein lebenswichtiges Organ im eigenen Körper.

Ein Weg für stete Veränderung (Wachstum und Wiederherstellung) wurde bereits früher vorgeschlagen: den natürlichen Vorgang zu variieren; jeden, dem man begegnet, als ein potentiell lebenswichtiges Gegenüber anzusehen. Aber das ist eine Hingabe an das eigene Leben, die nur wenige bewußt wählen. Für die meisten trifft das Gegenteil zu: Das Verlangen nach einer Beziehung zu einem ohnehin schon wichtigen Gegenüber (ein Familienmitglied gewöhnlich) ist die erforderliche Kraft, die einen die Aufgabe der Veränderung

zu übernehmen veranlaßt. Das ist verständlich. Die Aufgabe ist eine grundlegende Veränderung und nicht unbedeutende persönliche Zugeständnisse, wie z.B. zu lernen, nicht sarkastisch zu sein. Die Verbindung, von der wir sprechen, ist eine Hingabe an das Leben, nicht ein gemeinsames Bankkonto, und das Getrenntsein, das angestrebt wird, ist nicht Bereitschaft zur Einsamkeit, sondern die Fähigkeit, abseits zu stehen, wenn es nötig ist, während man für ein Vereintsein kämpft, das für beide Seiten erfreulicher ist als zuvor. (Auf dem Weg dorthin wird man praktische Probleme bewältigen und das soziale Verhalten verändern, jedoch ist solche Erleichterung allein nicht das eigentliche Ziel.)
Solche Veränderungen werden nicht leicht zustande gebracht. Man muß durch das Feuer der Hölle gehen, auf jedem Zentimeter des Weges dorthin, und dabei die Erfahrung machen, geschätzte Wesenszüge und geliebte Tugenden zu verlieren, so, als ob man stürbe. Es gibt dabei keine Freiwilligen. Jedermann, der geht, wird dazu gezwungen, entweder durch eine bereits existierende unerträgliche Qual in sich selbst oder durch die Familie, d.h. durch einen wichtigen anderen, mit dem man nicht leben und ohne den man auch nicht leben kann. Wenn die Familie als Ansporn fehlt, wird unerträgliche Qual im allgemeinen durch Verleugnung, Abstumpfung oder, indem man soziale Großtaten vollbringt, bewältigt.

Es ist deshalb hauptsächlich die intime, erwachsene Beziehung, kurz eine Familie, die den notwendigen Anstoß (und die Sicherheit) für eine fortschreitende Entwicklung bietet: eine erwachsene Beziehung deshalb, weil es zu einfach ist, seinen eigenen Kindern verpflichtet zu sein und trotzdem sich selbst zu verbergen. Kinder sind oft Lebensretter, z.B. wenn sie eine depressive Mutter zum Weitermachen bringen. Aber sie können im allgemeinen nicht mehr als das tun, weil sie zu naiv sind, zu bereit zu akzeptieren, was ist, zu bereit, die erlebten Entbehrungen als natürlich zu erklären oder den Fehler außerhalb der Beziehung zu suchen, oft in sich selbst.
Gegenseitigkeit ist ein wesentlicher Bestandteil der steten Entwicklung. Je größer das Kind wird, desto weniger haben der Lebenskampf der Eltern und der des Kindes etwas Wesentliches miteinander zu tun. Im Gegensatz dazu können die inneren Kämpfe

aufeinander bezogener Erwachsener gegenseitig an Wichtigkeit oder Relevanz gewinnen.

Familie bedeutet mehr als Anreiz. Ohne den einem innewohnenden anderen – einen Erwachsenen, dessen Leben wir so hoch schätzen, wie unser eigenes (lieben) – besteht die Gefahr, Opfer unseres eigenen logischen Geistes zu werden: ein Leben zu leben, das bestenfalls von einer sensitiven Intelligenz und von praktischer Wirklichkeit gelenkt wird. Die Familie ist notwendig für einen erfolgreichen Angriff auf die Bastion Vernunft, um uns darüber hinaus zu tragen. Für Erwachsene und Kinder gleichermaßen ist die Familie wichtig zur Aufrechterhaltung des Prozesses, den wir Leben nennen. Ohne sie wird das Leben auf einen intelligenten Reflexbogen reduziert.

IV. Die Elemente des persönlichen Gesprächs

Es gibt zwei Arten von Gesprächen: technische und persönliche. Schon zu Hause, wenn Eltern stolz von den ersten Worten ihres Babys schwärmen (Mamma, Flasche, Milch, Ball, Bett) wird der auf Objekte ausgerichtete technische Gesprächsstil eingeübt. Die Schule verschlimmert die Objekt-Orientierung mit jedem sogenannten Fach, das sie lehrt. Das erzieherische Beiwort zu allem, was im Klassenraum gerade gelehrt wird, heißt: Paß auf. Das zwischenmenschliche Gespräch folgt diesem Trend und wird weitgehend zu einer Diskussion über Sachen:

Wo haben Sie diesen entzückenden Hut her?
Das Wetter war in letzter Zeit schrecklich.
Haben Sie irgendwelche guten Filme in letzter Zeit gesehen?
Die Welt geht zur Hölle.
Sie hätten das Ballspiel gewinnen können, wenn nur ...

Das Arbeits- und Geschäftsleben trägt zum endgültigen Schliff bei und belohnt einen Arbeiter für seine Fähigkeit, sich ausschließlich (von sich selbst weg) auf die Arbeit, die getan, oder auf das Produkt, das verkauft werden soll, zu konzentrieren. Die persönliche Reaktion wird mißbilligt, es sei denn, sie ist von kommerziellem Wert, und dann wird sie sorgfältig dem Briefkasten für innerbetriebliche Verbesserungsvorschläge auf dem Flur anvertraut oder in speziellen »brainstorming«-Treffen eingebracht, wo Reaktionen in einer kontrollierten, das Bewußtsein auf die Nützlichkeit der Beziehungen zwischen Individuum und Organisation lenkenden Atmosphäre erlaubt sind.

Das persönliche Gespräch, im allgemeinen mit weniger Enthusiasmus aufgenommen, beginnt auch zu Hause und dreht sich, im Gegensatz dazu, um das, was *in* einer Person vorgeht. Sein erstes Wort ist »Nein!«, bald gefolgt von einem endlosen Wechselspiel zwischen:

Ich will dies – ich will dies nicht. Das Objekt ist zugleich das Subjekt. Im allgemeinen verliert das persönliche Gespräch den Kampf mit dem technischen Gespräch.

Die Begriffe Subjekt und Objekt, subjektiv oder objektiv sind durcheinander geraten. Technische, erzieherische und zwischenmenschliche Gespräche nennen das anstehende Thema gleichermaßen Subjekt oder Objekt, während *Subjektiv-Sein* bedeutet, eine persönliche Betrachtungsweise zu haben (was einen negativen Beiklang hat), und *Objektiv-Sein* ein ehrenwertes Attribut ist und bedeutet, kein persönliches Vorurteil zu haben (das Konzept der unbefleckten Empfängnis).

Das persönliche Gespräch nimmt Dinge anders wahr. Ich bin das Subjekt und du, zu dem ich spreche, bist das Objekt. Sollten wir etwas außerhalb von dir und mir oder unserer Beziehung besprechen, nennen wir das besser eine Sache. Bei einem persönlichen Gespräch sind die Begriffe subjektiv und objektiv bedeutungslos, da gibt es nur deine und meine Überlegungen. Alles, was gesagt wird, geschieht in der Absicht, subjektiv zu sein, und eine objektive Wahrheit deutet lediglich an, daß wir in unseren Überlegungen übereinstimmen.

Daraus folgt, daß persönliche Reaktionen das Wesentliche des persönlichen Gesprächs sind, während das technische Gespräch alles tut, um eventuell aufkommende persönliche Reaktionen auszuschließen. Dazu kommt, daß im Gegensatz zu der Vermeidung jeglichen persönlichen Elements im technischen Gespräch das persönliche Gespräch Gegenständliches willkommen heißt. Allerdings in der richtigen Folge: Erst kommt die persönliche Begegnung und dann kommen von der Person losgelöste Themenbereiche; doch bekommen diese Themen niemals den Vorrang vor dem Hauptthema: du und ich.

Dieses Kapitel nimmt die Elemente des persönlichen Gesprächs unter die Lupe. Es beschäftigt sich auch mit alltäglichen Gesprächsformen, die bei einem persönlichen Gespräch entweder unnötig oder möglicherweise schädlich sind. Wie bei jeder Vergrößerung erscheinen die Einzelteile größer als sie es in Wirklichkeit sind. Mehr zur Übung sollen die Einzelteile genauer betrachtet werden, nicht um ein Rezept aus ihnen zu machen. Einen Menschen, der ein persönliches Gespräch führt, erkennt man mehr an seinem Scharfsinn als an seinem gewandten Gebrauch der Grundelemente für persönliche Gespräche.

1. Die Grundelemente

Die Grundeinheit eines persönlichen Gesprächs ist die Aussage. Deren Bestandteile sind Subjekt, Prädikat und Objekt.

A. Das erste Wort ist »Ich«

Im Gegensatz zu jeder formellen Erziehung, welche zu einer uneigennützigen Bescheidenheit anspornt, verlangt das persönliche Gespräch den Gebrauch von »ich« am Anfang aller Sätze.

Ich wünschte, ich könnte mich von dir geliebt fühlen. Ich brauche das so sehr.	*Nicht:* Du liebst mich nicht.
Ich hasse dich, wenn du mir sagst, was ich zu tun habe.	*Nicht:* Du bist immer so herrisch.
Ich möchte nicht, daß du mit mir so ungeschliffen sprichst.	*Nicht:* Würdest du so zu deiner Mutter sprechen?

Achtung: »Ich glaube, daß du ...« ist keine »Ich«-Aussage.

B. Die Grundverben sind aktiv, persönlich und transitiv

Ich möchte; ich möchte nicht. – Ich will; ich will nicht. – Ich mag; ich habe etwas dagegen.

In einem persönlichen Gespräch wird Handlung ersetzt durch »Ich bin.«
Verben sollen bejahend und nachdrücklich benützt werden und nicht verteidigend.

Ich will dein Interesse: Ich will nicht dein Mitleid	*Nicht:* Ich möchte nicht undankbar scheinen, aber ...

Ob implizit oder explizit formuliert, die Zeit ist immer Präsens.

Ich habe immer mehr von dir gebraucht, als ich bekam (sagt aus, wie tief ich gerade jetzt diesen Sachverhalt empfinde).

Ich werde dich immer lieben (offenbart die Intensität des gegenwärtigen Gefühls, und ist weder ein Versprechen noch eine Behauptung).

C. *Ziel und Zweck ist die Person, zu der du sprichst*

Das persönliche Gespräch enthüllt irgend eine Sichtweise, ein Gefühl, eine Stellungnahme, einen Gedanken, über sich selbst in bezug zum anderen. Zu oft wird ein Thema, anstatt die angesprochene Person, zum Zweck.

Sie: Ich fühle mich die meiste Zeit so allein, als ob ich nicht wirklich verheiratet wäre. Ich mag das überhaupt nicht.
Er: Was sollen wir dagegen tun?

Sie ist nicht länger Hauptgegenstand; »es« (das Gefühl) ist zum Hauptgegenstand geworden. Und die Zeitform ist das Futur. Die Gefahr besteht, daß der Rest der Konversation auf die Planung zukünftiger Aktivitäten reduziert wird. Gegen Planen als solches ist nichts einzuwenden, aber es ist allemal besser, ein Fest zu feiern, als darüber zu reden. Sich wohl zu fühlen und der Gegenstand des Wunsches gehen vor.
Eine mehr persönliche Reaktion auf ihren Kummer, die zum Teil eine sofortige Erfüllung miteinschließen würde, wäre ganz einfach: »Ich möchte mehr hören.« Und, wenn es wahr ist: »Ich fühle ein wenig wie du.«
Oder, wenn er ihr Bedürfnis nicht teilen kann: »Ich fühle nicht wie du. Ich bin in dieser Hinsicht mit unserer Ehe ganz zufrieden.«
Oder: »Ich möchte mit dir jetzt zusammen sein, aber ich möchte nicht darüber sprechen.«
Indem man, statt zueinander zu sprechen, Themen bespricht, vertieft man, ja erzeugt man vielleicht sogar das alltägliche Gefühl von Abstand und Isolation.

2. Die Rolle des Klatsches

Klatsch ist ein Blutegel, der das potentielle Leben gleich aus zwei persönlichen Gesprächen auf einmal aussaugt: Er nimmt einer direkten Begegnung die notwendigen Grundbestandteile und entzieht

einem darauffolgenden möglichen Gespräch die notwendige Kraft oder unterbindet es sogar ganz. Direkte Bemerkungen, zögernd ausgesprochen, sind dem Geschwätz über irgend jemand anderes vorzuziehen. In einem Satz: Sprich *zu* jemandem, nicht *über* jemanden. *Ausnahmen:* Etwas mit einer dritten Person zu besprechen, um eine Auseinandersetzung vorzubereiten, läßt aus kraftlosem Klatsch einen nützlichen Dienst werden.
Das folgende Beispiel erläutert, wie das gemeint ist:

Ehemann zur Frau: Ich muß meinem Chef etwas sagen, was ihm nicht gefallen wird, und ich weiß nicht, wie ich es ihm beibringen soll, ohne gefeuert zu werden. Ich würde das gerne mit dir besprechen, o.k.?

Um große Überschwenglichkeit zu beseitigen:

Ehemann zur Frau: (über ihren fünfzehnjährigen Sohn, der ohne Erlaubnis mit dem Familienauto weggefahren ist) Ich werde ihn umbringen, wenn er nach Hause kommt. Dem werde ich eine Lektion erteilen. Was zum Teufel, denkt er überhaupt, wer er ist, uns so zu behandeln. Warte, wenn der mir unter die Finger kommt!

Eine Frau, die mit der Dynamik des persönlichen Gesprächs vertraut und daran interessiert ist, ihren Sohn vor dem Anschlag zu schützen, wird ihren Mann zunächst beruhigen, indem sie ihn sanft ermutigt, alles auszuspucken, anstatt zu versuchen, ihn sofort zu besänftigen.
Es ist oft nötig, daß die Eltern Familienangelegenheiten besprechen müssen, die auch die Kinder mit betreffen. Dieses Bemühen um gemeinsame und verantwortliche Lösungen kann man kaum Klatsch nennen. Wenn die Kinder an diesen Diskussionen teilnehmen dürfen, sobald sie älter sind, wird nicht nur das Bemühen der Eltern unterstützt, sondern die Kinder machen gleichzeitig wertvolle Erfahrungen mit themen-orientierten und nicht minder persönlichen Gesprächen.

3. Ist die Frage notwendig?

Zweck einer Frage ist, eine Information zu erhalten. Da ein persönliches Gespräch im wesentlichen eine Angelegenheit der Selbstöffnung ist, ist die gesuchte Information mit inbegriffen, und die

Frage an andere wird zum größten Teil überflüssig. In persönlichen Gesprächen sind Fragen am besten in Aussagen zu verwandeln.
Fragen können gefährlich sein und ein wichtiges Gespräch in die Irre führen. Mit »Hast du eine andere Frau?« riskiert man eine verteidigende Antwort und ein belangloses Argument.
»Irgend etwas fehlt in unserer Beziehung, und ich möchte mit dir darüber sprechen.« In dieser Form wird das Gespräch in Richtung auf eine notwendige Einschätzung der Beziehung gelenkt. Genaues Beschreiben der unerfüllten Wünsche und die Aufforderung zum Feedback bringen ein persönliches Gespräch voran.
Fragen können notwendigen Fortschritt verhindern. Während eines Familiengesprächs fragte eine Mutter wiederholt ihre Tochter: »Was denkst du von mir?« Die Tochter versucht es mit verschiedenen Antworten, meistens beruhigende, jedoch ohne Erfolg. Als die Mutter gedrängt wird, ihre Fragen in eine Feststellung umzuwandeln, verläuft das Gespräch ungefähr so:
»Ich möchte, daß du gut von mir denkst, weil mir das Gewißheit gäbe, eine gute Mutter zu sein. Ich lebe in ständiger Angst, daß ich es nicht bin. Ich bin mir so furchtbar unsicher, was eine gute Mutter ist. Weißt du, ich hatte nie eine.« Bei dieser Offenbarung begann die Mutter zu weinen. Sie wurde ermuntert, ihre weiteren Bemerkungen in der Phantasie an ihre Mutter zu richten, für die sie offensichtlich bestimmt waren (s. Kapitel 5); und mit dieser Begegnung begann sie die unerledigte Aufgabe zu vollenden, was nie dadurch erreicht werden konnte, daß sie ihre Tochter fragte: »Was denkst du von mir?«
Hinter Fragen steht oft der Wunsch, völliger Ratlosigkeit zu entfliehen: Der Fragende hat einfach nichts zu sagen. »Was meinst du dazu?« ist ein einfaches Beispiel dieser Art, und wird berechtigterweise mit einem kläglichen: »Ja, was meinst du denn« erwidert.
Das Problem ist jedoch mehr das Ergebnis der eigenen technischen Orientierung, als eine Angelegenheit von wirklicher Leere. Das Folgende zeigt, wie man oft nach Thesen oder Themen sucht:

Ich habe kein Thema zu besprechen, aber ich möchte etwas mit dir in Angriff nehmen (dies ist natürlich ein Thema).
Ich habe etwas zu sagen, aber ich kann nicht glauben, daß irgend jemand daran interessiert ist.

Ich stelle dir Fragen, weil ich dich beneide und nach Fehlern in deiner Antwort suche, aber ich getraue mich nicht, dir meinen Neid zu zeigen. Ich habe Angst, du wirst mich ablehnen, wenn ich es tue.

Ein Mann ist dabei, sich von seiner Frau scheiden zu lassen wegen ihrer ständigen Beschuldigungen, die in Form von Fragen vorgebracht werden (wie das sehr leicht geht). »Wo warst du? Warum hast du eine zweite Tasse Tee genommen? Was bedeutet diese Überschrift? Warum fährst du diese Straße lang anstatt die Hauptstraße?« Beim Nachforschen ergibt sich, daß während seiner ganzen Kindheit Fragen als eine Standardform der Kritik benutzt wurden, und daß seine Allergie auf Fragen entsprechend groß ist. Seine Frau dagegen benutzt Fragen als Anknüpfungspunkte, um beachtet zu werden. Das ist die einzige Art, durch die sie je bei ihrem Vater Anerkennung fand.
Fragen können bei einem persönlichen Gespräch nie zufriedenstellen, da die Antwort in dem Fragenden begraben liegt; aber persönliche Gespräche, bei denen Fragen vereitelt werden, können den vergrabenen Schatz freilegen und ihn austeilen.
Unter zwei bestimmten Umständen können Fragen in einem persönlichen Gespräch Nutzen bringen:

1. Wenn Feedback fehlt

Wie denkst du über das, was ich gesagt habe?
Wie ist deine Reaktion?

Oder einfach:

Ich hätte gern Feedback von dir.

2. Zur Klärung

Beginnend mit »Meinst du« und daran anschließend die Interpretation dessen, was man gehört hat, ist besser als ein verwaschenes und unklares »Was hast du gemeint?«, das auch Zweifel ausdrücken könnte (Was meinst du *damit*?) oder einen verborgenen Angriff enthalten kann (Was meinst du mit dieser blöden Bemerkung?).
Hat man etwas nicht gehört, sollte man dies als Feststellung und nicht als Frage zum Ausdruck bringen.

Ich habe nicht gehört, was du sagtest!

Und vielleicht als zusätzlichen Interessebeweis hinzufügen:

Bitte, sage es noch einmal, ich möchte es hören.

Fragen werden dann in einem persönlichen Gespräch lediglich eine Sache des individuellen Stils; und so lange die beiden Beteiligten sich darüber klar sind, daß es in der Tat nur Aussagen sind, sind Fragen harmlos. Sie geben dem Gespräch ein wenig mehr Farbe.

Meinst du das wirklich?	*für:* Ich finde es unglaublich!
Glaubst du, ich spinne?	*für:* Ich glaube dir nicht.

Willst du mich heiraten? verdient die Antwort: Meinst du das ernst?

4. Gedanken über lautes Denken

Die Gegenwart eines geeigneten anderen als Resonanzboden oder vielleicht als Zeuge für eine persönliche Offenbarung kann manchmal alles sein, was notwendig ist. Wenn man ihn doch in ein persönliches Gespräch einbeziehen will, ist es am besten, es vorher kundzutun, um Verwirrungen oder Unterbrechungen zu vermeiden.

Ich muß etwas laut durchdenken. Könntest du mir gerade einmal zuhören? Ich benötige nicht wirklich deine Meinung, ich muß es nur mal mit jemandem durchgehen, den ich respektiere.

Während eines persönlichen Gesprächs sind Sätze oft lediglich eigenes Nachsinnen, und wenn dies nicht erkannt wird, können Schwierigkeiten entstehen. Zum Beispiel ruft eine Mutter während einer aufregenden »Warum darf ich nicht – Weil du eben nicht darfst-Debatte« mit ihrer 10jährigen aus: »Ich weiß nicht, welcher Teufel mich geritten hat, daß ich geheiratet und Kinder bekommen habe!« Bei genügender Vertrautheit miteinander ist solches Nachsinnen kein Problem. Wenn aber die Mutter ein Zusammenschrecken bemerkt, oder das Kind durch diese Bemerkung wirklich stockt, wäre es sicher gut, wenn die Mutter (oder wer immer anwesend ist und es bemerkt) dem Kind den Unterschied zwischen eigenem Nachsinnen und einer Mitteilung klarmachte.

Lautes Nachdenken kann auch ungewollt Gespräche zwischen zwei vertrauten Erwachsenen zerstören. Ein Ehemann und eine Frau feiern glücklich ihren 10. Hochzeitstag. Ihr Gespräch verläuft in einem liebenswürdigen Gemisch von Grübeln und Mitteilungen, bis der Ehemann sinnend sagt:

Ich möchte wissen, warum ich mich je entschlossen habe zu heiraten!

Seine Frau hört dies als negative Botschaft, was dies oft ja auch ist, und reagiert so:

Sie: Was ist denn nun los, ich dachte alles ist gut zwischen uns!
Er: Ist es auch.
Sie: Das kann nicht wahr sein, wenn du am Sinn unserer Ehe zweifelst.
Er: Hast du dich nie danach gefragt?
Sie: Ich hatte heute abend keinerlei Zweifel.
Er: Ich auch nicht.
Sie: Aber du sagtest ...
Er: Ich dachte gerade darüber nach, wie glücklich ich bin. Als ich mich entschloß zu heiraten, hatte ich keine Idee, was eine Heirat überhaupt bedeutet.

Das Lautdenken ist aus vielen Gründen ein wertvoller persönlicher Vorgang und ein besonderer Aspekt im persönlichen Gespräch. Die Fähigkeit, Gemurmel von Wurfgeschossen zu unterscheiden – sei es, indem man den Unterschied vorher klarmacht, oder daß man sich gut kennt, oder daß man den Unterschied im Verlauf des Gesprächs erfragt –, erspart oft unnötige Umwege während eines persönlichen Gesprächs.

5. Die beraubenden Modifizierer

Es gibt eine Menge besonders schöner Wörter, Phrasen und Angewohnheiten, größtenteils aus dem technischen Gesprächsmodell entnommen, die besonders geeignet sind, Persönliches zu verundeutlichen oder zu verfälschen; sie schleichen sich in persönliche Gespräche ein, um sie ihrer wesentlichen Vitalität zu berauben. Sie erstrecken sich vom leeren verbalen Trinkgeldgeben (Vielen Dank; entschuldigen sie, aber...) bis zu subtileren Formen wie magischem Denken (ja nichts auf die Vorahnung hin sagen, daß der andere unfreundlich reagieren könnte, und so eine mögliche unerwünschte Reaktion vermeiden). Ein paar solcher manipulativer Kunstgriffe werden hier beispielhaft aufgeführt. Sie sind zu zahlreich, um sie alle aufzuzählen:

A. Einleitungen

Einleitungen, die bei technischen Gesprächen zur genaueren Umschreibung gebraucht werden, werden in persönlichen Gesprächen mißbraucht, um bescheiden und anspruchslos zu erscheinen (sie verundeutlichen das Subjekt: Ich). Im persönlichen Gespräch lenken sie mehr ab, als daß sie verschleiern, aber schlimmer als beides: Sie lassen die persönliche Anteilnahme verblassen.

Ich glaube, daß ...
Ich meine, daß ...
Ich glaube, daß ich meine ...
Falls du mir's nicht übelnimmst, möchte ich sagen, daß es im Grunde so ist, daß es unter den gegebenen Umständen wohl das Beste ist, wenn ich gar nichts darüber sage ...

Das Weglassen von Einleitungen führt zur direkten Gegenüberstellung und belebt das Gespräch von Anfang an.

B. Zweifeln

Zweifel mag im ersten Moment vernünftig erscheinen, wenn nicht sogar als ein ausgesprochen bewundernswertes Element. Jedoch bei einem persönlichen Gespräch gibt es keinen Zweifel. Ungewißheit ist eine Haltung, nicht eine Tatsache. Bei einem technischen Gespräch, wenn ein Thema besprochen wird, kann es Zweifel geben, z. B. wenn man sich nicht sicher ist über die Entfernung zum Mond. Aber das ist keine persönliche Unsicherheit über diese Ungewißheit. »Ich bin nicht sicher«, in einer persönlichen Unterhaltung ist eine bestimmte Position, von der her, wenn sie stimmt, die Person handeln wird. Zweifel, die über die eigene Kompetenz oder die persönliche Qualifikation in einer persönlichen Beziehung geäußert werden, sind entweder eine irrige Überzeugung oder eine dreiste Täuschung. Z. B. die Bemerkung:

Ich bezweifle, ob ich dir das Glück bringen kann, das du willst und von einem Freund haben solltest.

Zuerst einmal liegt es bei dem anderen, dies zu entscheiden. Zweitens ist dies eine Bemerkung über die Zukunft. Die Frage ist, was die Person, die solch eine Bemerkung macht, eigentlich bezwecken will. Ist es ein versteckter Abschied? Ist es ein Zeichen der Unsicherheit, die manipulierend nach Bestätigung sucht? Oder ist es ein harmloses und aufrichtiges Verhalten, verursacht durch eine technisch ausgerichtete Denkweise?
Die Antwort ist bei dem Zweifelnden zu finden, indem man um den Ausdruck eines unzweifelhaften Wunsches im Präsens bittet. Sie könnte lauten: »Hier ist nicht genug für mich da. Ich möchte mehr, als ich von dir bekomme.«
Dies wäre zweifellos eine gute Stelle, um ein persönlich vertrautes Gespräch zu beginnen. Sollte gegenseitiges Interesse für ihre Möglichkeiten füreinander bestehen, so wird ein spezifisches Feedback ihre Nachforschungen lenken.
Zweifel wird oft ausgelöst durch die Angst, daß irgend etwas, einmal ausgesprochen, für immer niedergeschrieben ist. Es hilft zu wissen, daß Aussagen nur das enthüllen, was wir in dem bestimmten Moment sind. Die Tatsache der Äußerung selbst hat oft zur Folge, daß schon wieder eine Korrektur nötig ist. Ein persönliches Gespräch ist eine Sache der Integrität und nicht der Ewigkeit.

Herausfordernder Zweifel

Ungeachtet des Ursprungs oder der Motive müssen zweifelnde Bemerkungen gegenseitig ausgetauscht werden, bevor man einen festen Stand erreicht. Dies wird erreicht durch Konfrontation und Ermutigung, nach Neuem zu suchen. Wenn dies fehlschlägt, sollte der Therapeut und die Familie die Zweifel als eine Verhandlungsposition betrachten und darauf bestehen, daß der Zweifler die Konsequenzen zieht.
Dieses Vorgehen folgt den Grundsätzen, die in Kapitel 2 ausführlich beschrieben sind. Der Bezugspunkt ist der Wunsch. Wie immer das Thema heißt, der Zweifler soll einfache vorbehaltlose Bemer-

kungen machen: Ich mag dies. Ich mag dies nicht. Ich stimme diesem zu. Ich stimme diesem nicht zu. Ich glaube dies. Ich glaube dies nicht. Ich will dies. Ich will dies nicht. Sollte ein Zweifler ablehnen mit: Aber ich bin nicht sicher darüber, was ich will (eine frotzelnde Antwort von begrenztem Wert: Bist du dir darüber sicher?), ist für den Zweifler die Zeit gekommen, seinen Zweifel ohne Unterbrechung auszuleben, ohne manipulativen Gewinn.

Beispiel:

In einer Familie ist der Zweifel der Mutter der unangefochtene Beherrscher des Haushalts. Sollte der Rest der Familie den Wunsch äußern, ein Picknick zu machen, bezweifelt sie, ob sich das Wetter halten wird, ist sie unsicher darüber, was vorzubereiten ist, ist sie unsicher darüber, wann sie gehen sollten.

Vorschlägen von anderen wird mit weiteren Zweifeln begegnet, bis alles Interesse erloschen ist und das Picknick abgesagt wird. Sollte eines der Kinder abends weggehen wollen: Die Zweifel der Mutter an der Ratsamkeit der Unternehmung verhindern es. Im Namen von Rücksichtnahme und Respekt (auch oft gebraucht, um echter Begegnung zu entgehen) drängt der Vater die Jungen, die Mutter nicht zu beunruhigen. Für einen Außenstehenden war es nicht schwer zu sehen, daß ihre Zweifel vergessen waren, wenn sie etwas gut fand. Aber es war nicht so leicht für die Mutter, dies zu sehen. Die Mutter konnte ihren Zweifel nicht in Zweifel ziehen.

Schließlich konnten es die anderen Mitglieder der Familie. Der Mutter wurde erlaubt, ihr Zweifeln fortzusetzen, während die übrigen Familienmitglieder sich bei ihren Entscheidungen mehr von praktischen Erwägungen leiten ließen. Da die Mutter mit ihrem Zweifel jetzt machtlos wurde, begann sie zögernd, ihren alten Freund Zweifel aufzugeben. Ihre erste (erfreuliche) Gewißheit war natürlich ihr vorbehaltloser Vorbehalt gegen ihren Zweifelmörder: den Familientherapeuten.

Eine verbreitete Angewohnheit ist es, in Sätze Wörter wie: vielleicht, möglicherweise, wenn und womöglich einzustreuen. Sie verbergen gewöhnlich Meinungsverschiedenheiten, um Konflikte zu vermeiden. Sie sollten aus persönlichen Gesprächen gestrichen werden (oder nicht beachtet werden) – bedingungslos.

C. Es gibt keinen angemessenen Ersatz für »Ich«

Zeit, Umstände, Situationen, sie, es, man usw. werden alle mißbraucht, um Verantwortlichkeit (response-ability) zu verringern.

Macht eure Plätze sauber.	*Nicht:* In dieser Situation läßt jeder seine schmutzigen Teller zurück.
Ich möchte dir heute abend nicht bei den Schulaufgaben helfen.	*Nicht:* Oh, es tut mir leid, aber ich habe einfach keine Zeit.
Ich kann in diesem Schweinestall keine weitere Minute mehr leben.	*Nicht:* Was werden die Nachbarn darüber denken?

6. Eine Anmerkung über Schweigen

Schweigen ist wie Liebe eine Konsequenz, ein Ergebnis, eine Zufriedenheit, die der notwendigen Anpassung im intimen Miteinanderleben folgt. Wenn der Ärger, die Traurigkeit, die furchterregenden Dinge gelöst sind, bleibt die persönliche Liebe für einen Menschen oder ein mehr neutrales Gefühl, das nicht Gleichgültigkeit ist. Dasselbe ist es mit Schweigen: Zufriedenheit kommt am Ende eines Gesprächs, wenn das Notwendige gesagt ist, zum Ehepartner, zum Kind, zu Gott oder zum Teufel, zu sich selbst. Das Schweigen, das verordnet oder verfrüht ist, entwickelt böse Geister, die die Ruhe aus dem Herzen des Schweigens vertreiben.
Es kann jedoch manchmal richtig sein, das Zuhören zu verweigern, dann nämlich, wenn es der Ausdruck – der treffende Ausdruck – dafür ist, jemandem zu sagen, daß er sein verdammtes Maul halten soll, aufhören soll mit seinem unablässigen geistlosen oder unerträglichen Geschwätz – oder aber wegzugehen, wenn Stille nicht erreicht werden kann. Zu sagen: »Halt's Maul!« ist kein Befehl. Es ist ein nachdrücklicher Wunsch und eine Erklärung, ein Aufzeigen der Grenze. Obgleich plump oder unfreundlich ausgesprochen, bedeutet es: »Sei still und spreche mit mir.«
Und was ist mit dem, der das Sprechen braucht? Muß man ihn ignorieren? Verfolgen? Zur Ruhe zwingen? Nicht unbedingt. Wenn er des anderen Aufschrei beachtet, kann er nach neuen Worten suchen, Worte die klarer seine inneren Wünsche zu diesem Zeitpunkt ausdrücken. Fände er diese, die ganze Welt würde zuhören.

7. Abschluß des Gesprächs

Es gibt zwei Möglichkeiten, ein persönliches Gespräch abzuschließen, und keine von beiden besteht in intellektuellem Verstehen. Beide sind Erleben. Der eine Abschluß besteht in Freude, der andere in Trauer. Einer endet mit einer Umarmung, der andere mit größerem Voneinander-getrennt-Sein. Trotzdem sind beide befriedigend.

Beispiel:

Morgan wird ärgerlich, wenn Laury spät von der Arbeit nach Hause kommt. Laury erklärt die Notwendigkeit, fühlt sich ein wenig schuldig und wird bald ebenfalls ärgerlich, indem sie Morgan beschuldigt, ein unfairer Mann zu sein. Indem die Aufregung verebbt, werden beide einsichtiger. Morgan gibt zu, daß er unfair ist, und verspricht mehr Verständnis, während Laury verspricht, unnötig späte Arbeit so weit wie möglich zu vermeiden. Ein unbehaglicher Friede gewinnt die Oberhand. Während der Therapie wird Morgan gebeten, Laury in allen Einzelheiten zu beschreiben, was in ihm vorgeht von dem Zeitpunkt seines Nachhausekommens an bis zu ihrem späteren Eintreffen.

Morgan: Ich fange an, etwas zu tun. Ich räume meine Sachen auf, schaue nach, ob es irgend etwas im Hause zu tun gibt, drehe die Musik an, setze mich dann in einen bequemen Stuhl und entspanne mich.
Therapeut: Und dann?
Morgan: Dann schaue ich auf meine Uhr und beginne mich zu fragen, wann Laury heimkommen wird. Ich fange an, mich zu ärgern.
Therapeut: Es interessiert mich zu hören, was passiert, nachdem Sie sich entspannt haben und bevor Sie sich zu ärgern beginnen.

Morgan hat sich mit diesem Punkt nie lange aufgehalten. Er denkt angestrengt nach.

Morgan: Ich schrumpfe zusammen. Ich werde klein. Die Wände verwandeln sich in gigantische Flächen des Schweigens, und ich fühle mich gelähmt vor Verlassenheit und Bedeutungslosigkeit. (Er beginnt zu zittern, während er versucht, in der Wirklichkeit zu bleiben, die er gewöhnlich schnell wieder verläßt.)

Laury hört mit tränenerfüllten Augen zu, während Morgan sich offenbart (und heil wird).

Therapeut: Sprechen Sie jetzt zu Laury.
Morgan: Ich kann dieses Gefühl nicht ertragen. Und ich kann mit dir nicht darüber sprechen, weil ich mir wie ein Baby vorkomme. (Unter solchen zwischenmenschlichen Bedenken verbergen sich oft Unmengen von persönlichem Drum-und-dran, die der Anteilnahme bedürfen.) Ich beginne böse zu werden mit mir selbst, aber dann denke ich, wenn du zu Hause wärest, würde sich das alles vermeiden lassen.

Die Einzelheiten seiner Erklärung sind unmaßgeblich, ihre einfühlende Reaktion ist wie Balsam. Mit seinem Bekenntnis hat bei ihm der Heilungsprozeß eingesetzt. Und für Laury ist er nicht mehr ein unvernünftiger und gefährlicher Mann. Er ist ein Mann, ihr Mann, den sie jetzt ein wenig besser kennt. Und für Morgan wird weniger Pulver für ärgerliche Beschuldigungen zu verfeuern sein, wenn Laury später als er nach Hause kommt.
Laury setzt sich auf seinen Schoß, und Morgan kann sich jetzt auch eher über sie freuen, und zwar in erster Linie über sie als Frau und nicht als Retterin.
Der andere mögliche Abschluß, genau so wesentlich, aber wesentlich unpopulärer, ist der Abschluß mit Trennung. Wachstum hängt von einer unaufhörlichen Schwingung zwischen diesen beiden Abschlüssen ab. Irrtümlicherweise idealisieren viele den Abschluß mit Vereinigung (... und so lebten sie glücklich für immer zusammen) und weisen die Möglichkeit der Trennung von sich (Wer will sein ganzes Leben lang in einsamer Isolation verharren!). Natürlich sind beide Ansichten ebenso absurd wie nicht wünschenswert. Vereinigung deutet genausowenig auf unaufhörliches Glück hin, wie Trennung Einsamkeit und Isolation bedeutet. Gelegentliche Zufriedenheit (unaufhörliche Freude ist jenseits jeder Betrachtung) kommt von einem gesunden Fließen zwischen Vereinigung und Trennung; beides beinhaltet Einsamkeit und Isolation, wenn keine Bewegung da ist.
Trennung ist schmerzlich, auch wenn sie gewünscht wird. Nicht weil sie Isolation bedeutet, sondern einfach, weil vorher Gemeinsamkeit da war. War die Vereinigung von Anfang an unbedeutend, ist die Trennung nur eine Angelegenheit der Bewegung, ein Weggehen, wie bei einer Fliege, die eine Wand verläßt. Aber wenn ein Kind sein Zuhause verläßt, eine Ehe zerbricht oder auch nur der Aufbruch vom Frühstück zur Tagesarbeit, das ist eine andere Sache.

Wenn eine Verbindung, sei sie glücklich oder nicht, zerbricht, muß es Schmerzen geben. Wenn dies nicht beachtet wird, wird der Abschluß mit Trennung zu flüchtig behandelt, werden späte Vereinigungen flüchtiger und schwieriger.

Wir stellen einfach fest, daß wir verschiedener Meinung sind, und lassen das auf sich beruhen.

Dies verheißt Schwierigkeiten. Wenn manchmal unvermeidliche verschwommene Unterschiede in Form einer Vereinbarung zum Abschluß gebracht werden, verschiebt das nur den Tag der Abrechnung.

Zur Hölle mit dir. Adieu!

Dies ist ein Gruß, kein Abschluß. Er bedeutet, da gibt es Arbeit zu erledigen. Er ist ein ausgezeichneter Beginn. Damit beginnt sofort die Arbeit, emotionale Trümmer wegzuräumen, die den Blick verstellen. Die Arbeit wird fortgesetzt, bis die Einzelheiten besprochen werden können.
Das einzige »›good‹ bye« ist dasjenige, das vor der Trennung sich allen begleitenden Bedauerns und aller Gewissensbisse entledigt hat und keine Rückstände hinterläßt. Bitterkeit, Verstimmung, Stolz, Ärger, überhebliche Gefühle, Beschuldigungen und Selbstbeschuldigungen sind Zeichen einer unsauberen Trennung. Sie bedeuten, daß jemand glaubt, die Haustür geöffnet zu haben und in einem Wandschrank gelandet ist. Zum Abschluß mit Trennung gehört es, den Schmerz der Trennung zu akzeptieren und gleichzeitig das Glücksgefühl des Freiseins zu spüren.

V. Der Therapeut interveniert

Wenn die anfänglichen Höflichkeitsformeln ausgetauscht sind, kann jede Äußerung des Therapeuten als Folge seiner eigenen inneren Unzufriedenheit verstanden werden. Wenn das Gespräch nämlich entsprechend seinen Erwartungen vorangeht, ist der Therapeut still. Die Interventionen des Therapeuten dienen einem doppelten Zweck – einmal dem, die Familienverhandlungen zu leiten, und zum anderen dem, seine eigene innere Unzufriedenheit zu verringern. Solange seine Kommentare auch sein Gleichgewicht wieder herstellen, hat der Therapeut im wesentlichen eine unpersönliche Führung. Wenn jedoch seine neutralen Bemerkungen nicht ausreichen, um dieser inneren Unruhe Herr zu werden, bringt er zusätzlich und gerade seine persönlichere Reaktion ein. Die persönliche Anteilnahme dauert an, bis eine gewisse Distanz wiedergewonnen ist.
Beide Zwecke sind unausweichlich ineinander verwoben und bilden die Struktur der therapeutischen Intervention (Einmischung). An dieser Stelle sind die Interventionen des Therapeuten nur aus Gründen der Übersichtlichkeit in zwei Kategorien eingeteilt: sein im wesentlichen ausschließliches Verhalten als Führer und seine Teilnahme, um das Gleichgewicht seiner persönlichen Reaktion wieder herzustellen. Beide Aspekte des Therapeutenverhaltens können gut oder schlecht für den Therapieverlauf sein, die Zweiteilung hat damit nichts zu tun. Der wirkliche Einfluß des Therapeuten ist mehr eine Folge seiner Fähigkeit, die beiden Funktionen zu integrieren, als seines Talents, die eine oder die andere besonders gut zu beherrschen.

1. Die führende Intervention

Die Führung des Gesprächs besteht darin, Familienmitglieder Angesicht zu Angesicht einander gegenüberzustellen, ganz gleich über welche Probleme sie sprechen, ihnen zu helfen, einander in voller Kraft zu begegnen und sie auf dem Kurs zu halten, bis das Problem entweder gelöst ist oder von einem noch größeren Problem abgelöst wird. Führung stellt dem Therapeuten zwei Aufgaben: aus den tausenderlei Dingen, die sich ereignen, den bestmöglichen Arbeitsansatz auszuwählen und, wenn er ihn findet, seine Interventionen so zu gestalten, daß dabei das Optimale erreicht wird.

Es gibt natürlich keine absolut sicheren Richtlinien. Der beste Ansatzpunkt ist der, bei dem sich der Therapeut am besten fühlt. Die optimale Intervention ist diejenige, die am besten seiner Persönlichkeit entspricht. Die Frage ist hier, wie jeder Therapeut *seine* beste Interventionsmöglichkeit findet, nicht *die* beste.

Der im folgenden aufgezeichnete Gesprächsbericht schließt einen persönlichen Bericht über die Vorgänge im Inneren des Therapeuten ein, um den Prozeß darzulegen, durch den man seine eigene Führungsweise bestimmen kann. Vorschlag: Lesen Sie den Dialog zunächst oberflächlich durch. Lesen Sie dann den Gesprächsbericht noch einmal, diesmal mit den detaillierten Kommentaren.

Tina, 16 Jahre alt, das älteste von drei Kindern, war von zu Hause fortgelaufen. Ihre Eltern machen ihren Aufenthaltsort durch Freundinnen ausfindig. Sie bestehen darauf, daß sie nach Hause zurückkehrt und mit zu einem Familientherapeuten geht. Das erste Gespräch beginnt mit der Mitteilung von Tinas Vater, die das Problem nur sehr vage andeutet: »Wir haben ein ernsthaftes Kommunikationsproblem!« Als er um Einzelheiten gebeten wird, wird er noch allgemeiner, indem er sagt: »Niemand kann zu irgend jemand über irgend etwas sprechen.«

Ich denke bei mir, hier liegt schon ein Problem, aber ich bin der Ansicht, daß es jetzt noch zu früh ist, um auf die Art des Vaters jetzt schon näher einzugehen, nämlich die: auszuweichen, wenn er um genauere Angaben gebeten wird. Statt dessen wende ich mich der Mutter zu.

Mutter: (die Tina und dem Vater zunickt) Sie streiten die ganze Zeit.

In der Hoffnung, damit eine Familienunterhaltung einzuleiten, gebe ich die Bemerkung der Mutter an sie weiter.

Therapeut: Was haben Sie beide dazu zu sagen?

Vater: (zum Therapeuten) Es ist wahr. Wir streiten viel, aber ich weiß nicht, wie ich es vermeiden kann. Es gibt gewisse Dinge, die müssen einfach getan werden, und sie macht es mir sehr schwer!

Ich ziehe es immer noch vor, mehr instruktiv als eindringlich zu sein. Deswegen mache ich mir im stillen eine Notiz hinsichtlich der untadeligen, unschuldigen Haltung des Vaters.
Therapeut: Wenn Sie nicht wissen, was Sie tun sollen, dann konsultieren Sie Ihre Familie; dazu sind Familien schließlich da!

Gesunder Menschenverstand ist der ständige Bundesgenosse des Therapeuten.

Obwohl der Vater und Tina die beiden Antipoden in diesem Kampf zu sein scheinen, könnte das Gesprächsthema, nämlich Dinge, die zu Hause getan werden sollten, auch die Mutter mit einbeziehen. Deswegen schlage ich absichtlich nicht extra vor, daß der Vater Tina oder die Mutter konsultieren soll. Ich lasse jene Möglichkeit dem Vater. So kann ich etwas über die Beziehungen der Familien lernen.
Vater: (wendet sich an Tina) Was ist dazu zu sagen? Es gibt einfach Dinge, die getan werden müssen, und ich glaube nicht, daß ich sehr unvernünftig in der Hinsicht bin.
Tina: Du hackst immer wegen irgendeiner Geschichte auf mir herum!
Vater: Tu' doch, was notwendig ist, und dann brauche ich dich nicht an irgend etwas zu erinnern!
Tina antwortet nicht, und die Unterhaltung gerät ins Stocken.
Der Therapeut: (zu Tina) Ich glaube, Unterhaltungen sollten zwar beendet, nicht aber einfach mitten drin aufgegeben werden.
Tina: (mit dem Ausdruck trotziger Hoffnungslosigkeit) Was hat das Ganze für einen Sinn? Er will ja doch nicht zuhören!
Therapeut: Dann schlage ich jetzt erst einmal vor, daß du das mit ihm regelst!
Tina denkt ein oder zwei Minuten nach, umgeht den genauen Vorschlag, aber faßt sich dann aufgrund meines Interesses ein Herz und nimmt den Kampf erneut auf.
Tina: (zu Vater) Ich tue was notwendig ist; ich kaufe ein, ich räume auf, ich passe auf die Kinder auf!
Vater: Der Küchenspülstein ist immer voll schmutzigen Geschirrs. Du zankst dich dauernd mit den anderen Kindern. Du ...
Tina: (unterbricht) Ich zanke nicht mit ihnen. Ich versuche nur, sie daran zu hindern, solch ein Durcheinander zu machen.
Vater: Denke nur, was letzte Woche in der Küche los war, als du Marcy (Tinas 12 Jahre alte Schwester) geschlagen hast. Sie hat keinerlei Durcheinander angerichtet. In Wirklichkeit hat sie nur versucht, die Lebensmittel wegräumen zu helfen. (Sich an Marcy wendend:) Stimmt das nicht?
Marcy nickt.

Tina: Ich kam gerade vom Einkaufen und war dabei, die Lebensmittel selbst wegzustellen. Ich brauchte dazu keinerlei Hilfe. Ich bat sie, den Tisch zum Mittagessen zu decken, und das wollte sie nicht. Sie belästigt mich nur dauernd.
Vater: Das Schlagen ist aber keine Art, irgend etwas zu lösen. Vielleicht hättest du ja den Tisch decken können und es ihr überlassen können, die Lebensmittel wegzuräumen. Du hast außerdem Paul (10 Jahre alt) angeschrien, und er hat dir nichts getan.
Tina: (ihre Stimme wird ganz traurig) Er hat das vordere Zimmer durcheinandergebracht, und ich hatte es gerade, bevor ich einkaufen ging, aufgeräumt.
Vater: Du hättest versuchen können, mit ihm zu reden. Du brauchtest ihn aber nicht anzuschreien und und ihm zu drohen.
Tina gibt wieder auf. Nachdem alle Hoffnung sie verlassen hat, verfällt sie in trauriges Schweigen.

Im allgemeinen ist der beste Angriffspunkt für die lenkende Intervention der Prozeß, wie Leute miteinander reden oder einander aus dem Wege gehen. Der Inhalt – das, was sie sagen – wird verwendet, um den Therapeuten hinsichtlich der Auswahl seiner auf den Prozeß gerichteten Interventionen zu leiten. Wenn der Therapeut jedoch seine Neutralität verliert, werden seine persönlichen Wertmaßstäbe und Vorurteile mitgeteilt, und er spricht zum Inhalt.

Der Therapeut versucht, den Prozeß zu verstehen.

Ich glaube, sie hat einen guten Versuch unternommen. Ich halte sie im Grunde genommen für recht gesund, obwohl sie selbst nicht davon ablassen kann zu streiten. Nach allem: Wo kann sie auch sonst lernen, wie man erfolgreich streitet. Die Mutter scheint ihr keine besondere Hilfe zu bieten. Der Vater hat sich mit den anderen Kindern gegen Tina verbündet. Sie empfindet ihren Kummer, wenn sie aufgibt. Das ist besser als Bitterkeit oder Resignation.

Der Therapeut versucht, den Inhalt zu verstehen.

Es scheint so, als ob sie eine Menge im Hause tue. Vielleicht nicht wie eine erfahrene Mutter, aber sie ist sehr aktiv; vielleicht zu aktiv. Die Frustration des Vaters scheint nicht gerechtfertigt. Da muß noch mehr verborgen sein, was er noch nicht gesagt hat. Die konkreten Streitpunkte sprechen für Tina und erklären weder adäquat Vaters Gereiztheit, noch rechtfertigen sie seine offensichtliche Parteinahme. Ich möchte nicht mit dem Vater in eine Debatte verwickelt werden hinsichtlich seiner Haltung.

Ich glaube, es würde besser sein zu versuchen, ob ich an das Feuer darunter gelangen kann; das, was es wirklich verursacht. Wegen meiner Anfangserfahrung mit ihm, daß er in das Allgemeine flüchtet, wenn ich genaue Angaben suche, weiß ich, daß es sinnlos sein würde, ihn direkt nach Einzelheiten seiner Frustration zu fragen. Es ist besser, den Prozeß anzugehen hinsichtlich dessen, was er tut, und dann zu sehen, ob, die Aufmerksamkeit auf seine Haltung zu lenken, ergiebiger ist. Andererseits möchte ich nicht, daß Tina der Ansicht sei, es sei alles seine Angelegenheit, und ich möchte auch, daß sie lernt, wie man besser verhandelt. Deshalb spreche ich beide an.

Therapeut: (zum Vater) Sie klagen Ihre Tochter mit großer Heftigkeit an. Sie scheinen ihre Traurigkeit nicht zu bemerken und gehen darauf nicht ein. (Und zu Tina:) Tina, ich bin sicher, deine Traurigkeit hat irgendeine wichtige Bedeutung und doch schweigst du dich darüber aus.

Vater: Ich sehe ihre Traurigkeit, sie bedrückt mich. Ich möchte sie nicht angreifen. Ich bin über alles nur so frustriert.

Therapeut: Dann versuchen Sie doch, statt dessen über ihre Frustration zu sprechen!

Vater: Ich dachte, das hätte ich getan.

Therapeut: (versucht ein wenig tiefer zu gehen, aber ohne allzu große Hoffnung) Es scheint noch mehr hinsichtlich Ihrer Frustration zu geben als das, was ich bisher erfahren habe.

Vater: Natürlich, es sind überall immer viele Frustrationen, aber ich dachte, wir seien dabei, diese erste zu lösen. Es ist eine große.

Als er gebeten wird, genauer zu sein, weicht der Vater wieder ins Allgemeine aus. So gebe ich diesen Versuch auf und beschließe, den Motor der Unterhaltung wieder auf Touren zu bringen und auf andere disharmonische Töne zu achten.

Therapeut: Ich stimme zu, es ist eine große! Fahren Sie fort.

Vater: Ich weiß nicht, was ich dir darauf sagen soll, Tina. Ich möchte dir gegenüber nicht unfair sein, aber du weißt ja, deiner Mutter geht es nicht gut, und ich kann ja von der Arbeit nicht zu Hause bleiben. Ich weiß nicht, was ich sonst machen soll.

Tina: Du kritisierst alles an mir. Jedesmal, wenn du mit mir sprichst, ist es nur, um mich wegen irgendeiner Sache anzugreifen.

Vater: Ich mache nur Vorschläge und versuche, dir dadurch zu helfen.

Ich höre etwas Wichtiges. Tina hat einen Wunsch angedeutet. Sie fragt – wenn auch indirekt – nach seiner positiven Aufmerksamkeit. Sie bittet um seine Zuneigung. Bis jetzt ist sie nur immer in der Defensive gewesen. Ich habe zwar nach den Wünschen beider Ausschau gehalten, habe mich aber mehr auf den Vater konzentriert, da sein Verhalten mir destruktiver zu sein schien. Außerdem: Warum Tina helfen, ihre Wünsche klar zu sehen und sie einem Mann entgegenzubringen, der sie als seinen Feind betrachtet? Aber jetzt macht sie es spontan. Das mindeste, was ich tun kann, ist, ihren Wunsch anzuerkennen. Aber ich versuche noch mehr. Ich möchte gern, daß der Vater ihr antwortet. Nach allem: Er ist eine bedeutende Bezugsperson für sie. Ich kann nur ihren Wunsch anerkennen und ihr Hoffnung geben. Er könnte sie anerkennen und ihr Leben geben.

Therapeut: (zum Vater) Ich hörte heraus, daß sie von Ihnen etwas Positives erbat. Haben Sie das gemerkt?

Vater: Nein. (Sich an Tina wendend:) Was hast du gesagt?

Tina: Du redest nur mit mir, wenn du mich kritisierst.

Vater denkt eine Zeitlang angestrengt nach. Wahrscheinlich sucht er nach irgendeinem Beweis, um sie zu widerlegen.

Vater: (nicht länger anklagend, aber immer noch gereizt) Ich habe nie vorher daran gedacht. Ich schätze, ich habe dir nicht viele Komplimente gemacht, Tina. Ich bin immer viel zu sehr damit beschäftigt, was noch alles getan werden muß.

Tina: (nicht länger traurig oder schweigend) Wir schaffen ja alles. Zumindest die Dinge, die wirklich nötig sind!

Vater: (versucht vernünftiger zu sein) Ich bin mir dessen nicht ganz so sicher. Wir haben immer noch nicht das Grundproblem gelöst, wie wir alles glatt abrollen lassen können.

Obwohl ich nicht darauf baue, daß seine Vernünftigkeit tief geht (er ist noch viel zu frustriert, um wirklich vernünftig zu sein) zwingt sein Bedürfnis, es damit zu versuchen, ihn stromabwärts. Jetzt ist das Problem nicht nur Tinas Verhalten, sondern daß die Dinge sich tatsächlich glatt abwickeln lassen. Dies bringt uns näher an die Möglichkeit, die wirkliche Ursache seiner Frustration herauszufinden. Da Frustration immer Bedürfnisse maskiert, können wir, sobald seine Frustration spezifiziert ist, den Wunsch und sein Ziel entdecken.

Tina: Vielleicht, wenn du dir nicht über alles Sorgen machen würdest!

Bei seinem Anflug von Vernünftigkeit wechselt Tina bereitwillig die Feindrolle in die eines unterstützenden Freundes und tut ihre Bereitschaft zur Mitarbeit kund.

Vater: (immer noch aufrichtig vernünftig) Ich weiß, daß du es versuchst, Tina. (Dann nicht wissend, wohin er sich wenden soll, geht er einen Schritt rückwärts:) Ich möchte ja nicht erneut beginnen, dich zu kritisieren, aber die Dinge werden halt doch nicht immer getan; jedenfalls nicht zu meiner Zufriedenheit.

Seine anklagende Haltung ändert sich. Er betrachtet sogar seine eigene Norm als einen Faktor, während sie vorher nicht zur Debatte stand.

Aber jetzt entsteht Schweigen. Tina weiß offensichtlich nicht, was sie noch vorschlagen könnte, und der Vater ist ebenfalls in der Unterhaltung festgefahren. Ich frage mich, ob ich wirklich der einzige bin, der der Ansicht ist, daß die Frustration des Vaters mehr zu tun haben könnte mit der Nichtanteilnahme seiner Frau am häuslichen Geschehen, als mit Tinas etwas unzureichender Anteilnahme. Ich könnte mir nun etliches vorstellen und mir eine Menge psychologischer Interpretationen darüber zurechtlegen, was hier abläuft. Ich hatte eine Berufsausbildung, und sie durchzuckt mich jetzt. Ich halte Vaters und Tinas Kampf, der die Mutter ausschließt, im Ursprung für eine ödipale Angelegenheit, und ich könnte dieses Wissen verwenden, um zu erklären, warum keiner von beiden daran denkt, die Mutter zur Anteilnahme am häuslichen Geschehen einzuladen oder auch hier während des Gesprächs. Aber ich habe solche Abschweifungen als sehr irreführend erfahren; so wende ich mich statt dessen dem direkteren und praktischen Aspekt des Versagens der Mutter zu.

Ich lenke meine Intervention zum Vater. Ich könnte jetzt ganz einfach die Mutter einladen. Aber dann würde ich nicht erfahren, was die anderen daran hindert, es zu tun, und sie würden nicht die Chance erhalten, die Aufgabe selbst herauszufinden.

Erfahrung ist der wesentliche Faktor in dieser Therapie, und ich darf sie möglichst nicht an mich reißen. (Würde ich den starken Wunsch spüren, die Mutter hereinzurufen, dann würde ich es tun.) Ich wende mich auch nicht an Tina. Es ist Vaters Beziehung zur Mutter, welche der größte fehlende Bestandteil in diesem Kampf ist. Ich glaube, daß die zwischenelterliche Beziehung die einflußreichste in einer Familie sein sollte, und ich versuche es auch dabei zu belassen. Kinder sind wie geschätzte Besucher in einem Heim, das von den Eltern geschaffen ist.

Therapeut: (so neutral wie möglich) Sie scheinen sich immer an Tina zu wenden, so als ob sie von Ihrer Frau gar nichts erwarten würden.

Vater: Sie ist oft krank gewesen, und sie kann im Hause nicht mehr viel erledigen.

Ich glaube, daß Krankheit einschließlich der verschlepptesten körperlichen Unfähigkeit ein üblicher, sich selbst auferlegter Lebensstil für Leute ist, die unglücklich sind. Seine Bemerkung verrät mir nur, daß sie (und daher auch er) keine Bedürfnisbefriedigung in ihrer Ehe erfährt. Aber ich glaube, es ist töricht, diesen Gesichtspunkt jetzt aufzugreifen. Ich glaube nicht, daß er damit etwas anfangen könnte, und es würde im Moment nur zu einer Erörterung darüber führen. Da in der therapeutischen Sitzung die gleichen Dinge vorgehen wie zu Hause – es kann nicht anders sein –, ziehe ich es vor, mich ihm zuzuwenden und seiner Eigenart, seine Frau im Augenblick auszulassen.

Das Augenblickliche ist immer der bevorzugte Ansatzpunkt.

Therapeut: Meinen Sie, daß sie zu krank sei, um an dieser Diskussion teilzunehmen?
Vater: Nein, das meine ich nicht. Ich glaube, es ist einfach so, daß wir gewohnt sind, Dinge ohne sie zu entscheiden.
Tina: Sie kann ja nichts dazu, wenn sie krank ist.
Ich mag Tinas Bemerkung und ich mag sie auch wieder nicht. Es scheint eine Loyalität darin zu sein, die versucht, ihre Mutter zu beschützen; aber ich habe auch den Verdacht eines geheimen Einverständnisses mit dem Vater, die Mutter beiseite zu schieben.

Kinder finden natürlicherweise ihren Platz im Gefüge der Familie. Wenn z.B. dieser Vater morgen sterben sollte, würde Tina oder irgendeines der anderen Kinder – gleich ob Junge oder Mädchen – versuchen, seinen Platz zu übernehmen. Dieses Phänomen steht über und außerhalb von sexuellen Betrachtungsweisen wie Oedipus- und Elektravorstellungen. Ja, es zeigt wahrscheinlich sogar, daß sie mehr Dichtung sind.

Ich halte die Mutter in ihrer Zurückhaltung gleicherweise für verantwortlich für die momentane Situation. Eine schlechte Szene hat immer jedermanns Mitarbeit, niemand ist unschuldig. Ich bin bisher noch nicht zur Mutter vorgedrungen. Ich möchte wirklich gerne, daß sie freiwillig hereinkommt, oder daß der Vater sie hereinholt.
Jetzt bin ich neugierig, wer den nächsten Schritt machen wird. Der Vater zur Mutter, der Vater zur Tochter, die Mutter zur Familie hin. Es könnte ein Hinweis darauf sein, wo die größte Motivation für Veränderung ist. Ich benötige die ganze Hilfe, die ich bekommen kann. Aber statt Verbündeter erhalte ich Schweigen.
So mache ich mich daran, meine eigenen sorgenvollen Gedankengänge zu ordnen.
Therapeut: (an Tina und Vater) Ich habe die Vorstellung, daß ihr zwei am liebsten die Mutter draußen halten möchtet.
Vater: Keineswegs, wie ich schon gesagt habe, es ist nur so eine Gewohnheit.
Therapeut: Ich sehe keinerlei Tendenz in Ihnen, mit dieser Gewohnheit zu brechen. Sie scheinen hilflos zu sein.
Vater: (lächelnd) Die meiste Zeit über habe ich dieses Gefühl ihr gegenüber. Was kann ich schon tun?
Ich glaube nicht, daß seine Frage ernst gemeint war, aber ich versuche, sie ernst zu behandeln, um ihn noch etwas weiterzubringen.

Therapeut: Sie können mit Lächeln aufhören und sie zu einer Teilnahme bitten, wenn das Ihr Wunsch ist.
Vater: (etwas ernüchtert) Sicherlich, ich möchte, daß sie mitmacht. Aber muß nicht sie das entscheiden?
Therapeut: Zählen Ihre Wünsche denn überhaupt nichts?
Vater: Es ist wirklich schwierig, sich ihr aufzudrängen, wenn es ihr dauernd so schlecht geht.
Ich weiß nicht, ob er tatsächlich das meint, was er sagt. Vielleicht gibt es noch wichtigere Faktoren, die ihn daran hindern, sich mit seiner Frau einzulassen. Ich glaube, es ist das Beste, das herauszufinden, indem ich seine Worte wörtlich nehme und dann sehe, was geschieht. Da ich keinerlei Raum zum Ausweichen lassen möchte, sage ich es mit Überzeugung. Dann muß er entweder handeln oder sich weigern. Das würde dazu führen, weitere Faktoren aufzuzeigen.

Interventionen sind immer *auch* Experimente, aus denen der Therapeut lernt.

Therapeut: Drängen Sie sich ihr auf. Es ist besser, als sie zu ignorieren.
Vater: (nach einem gedankenvollen Augenblick wendet er sich seiner Frau zu) Es scheint, als ob wir da in schlechte Gewohnheiten verfallen seien, nicht wahr?
Sie nickt.

Solange eine Unterhaltung andauert, braucht sie nicht unterbrochen zu werden, um einen schlechten Stil aufzuzeigen (wie z. B., daß dieser Vater vage fragt, statt seinen Wunsch direkter kundzutun).

Vater: Was meinst du denn, was wir tun können?
Mutter: (ernsthaft, gedankenvoll) Ich weiß es wirklich nicht. Mein ganzes Leben fühlt sich so tot an. Mir ist alles so gleich.
Vater: Es scheint, als ob alles nach dem Tod deiner Mutter so begonnen habe. Das ist nun schon mehrere Jahre her. Vorher warst du o.k.
Tränen treten in die Augen der Mutter, und ich weiß sofort, daß ihr Mann unsere nächste Aufgabe aufgezeigt hat, nämlich eine Begegnung zu schaffen, einen Dialog zwischen den beiden Müttern, so daß Tinas Mutter durch echte Trauerarbeit das Grab ihrer Mutter verlassen und zu ihrer Familie zurückkehren kann. Tina war, wie alle fortgelaufenen Kinder, nicht die erste, die die Familie verlassen hat.

Die innere Begegnung

Die innere Begegnung ist ein Mittel, um eine für eine Veränderung nötige Unterhaltung zu ermöglichen, auch wenn kein Gegenüber verfügbar ist. Sie ist ein Dialog eines einzelnen, ein Lautreden unter Zeugen und Beobachtung mit einem wirklichen, obwohl unsichtbaren anderen.

Sie unterscheidet sich vom Lautdenken. Lautdenken ist ein Monolog, ein Gespräch mit sich selbst, ein Erklingen der eigenen Stimme, um die Perspektive zu gewinnen, die aus dem Hören der eigenen Gedanken entsteht. Eine innere Begegnung ist ein echter Dialog. Man unterscheidet zwei Teilnehmer, und sie verhandeln miteinander genauso, wie in irgendeiner anderen heftigen Begegnung – mit der einzigen Ausnahme, daß beide Teile von der gleichen Person gesprochen werden. Die innere Begegnung ist kein Ersatz für eine Begegnung mit leibhaftig Anwesenden, die immer vorzuziehen ist; aber manchmal kann eine Unterhaltung aus einer ganzen Anzahl von Gründen nicht mit einem anwesenden Gegenüber geführt werden: Der andere ist vielleicht eine Figur aus einem Traum, er ist vielleicht ein verstorbener Angehöriger, eine Erinnerung, ein besonders geliebtes Lieblingstier, eine Vorstellung, ein Schmerz, ein Teil des eigenen Körpers oder ganz einfach und direkt man selbst.

Eine innere Begegnung ist der auf den letzten Stand gebrachte Ersatz für die Geschichte: die Geschichte der Vergangenheit und das Wiedererzählen. Statt über das Dort-und-damals im Hier-und-jetzt zu reden, bildet sie ein Dort-und-jetzt als Arbeitsarena. Sie ist ein nützliches Hilfsmittel und kann – wenn sie richtig angewandt wird – einen sehr viel schneller und gründlicher in eine Krise und in eine Entscheidung hineinwerfen als das alte System, einem Therapeuten (oder dem Barkeeper) zu berichten und immer wieder zu berichten und immer wieder zu berichten, und am Schluß ohne Engagement oder einfach aus schierer Langeweile alles lebendig begraben zu lassen.

Nicht alle Leute haben genügend Phantasie oder Freiheit, um die vertraute Wirklichkeit zu verlassen und sich mit ihrer eigenen Schöpfung zu unterhalten, die natürlich ebenso wirklich und tatsächlich wie Fleisch und Blut ist, aber von abweichender Gesetzmäßigkeit.

Für diejenigen, die Schwierigkeiten haben, können einige Tricks helfen. Z.B. könnte Tinas Mutter solche Schwierigkeiten haben, mit ihrer toten Mutter zu sprechen.

Therapeut: Ich kann an Ihren Tränen sehen, daß Sie immer noch an den Tod Ihrer Mutter denken. Sprechen Sie mit ihr!
Mutter: Das kann ich nicht. Sie ist doch gar nicht hier!
Therapeut: In gewissem Sinne ist sie sehr wohl hier und überall, wo Sie hingehen, nicht wahr?
Mutter: Nun, ja.
Therapeut: Wo sehen Sie sie?
Mutter: (das Weinen nimmt zu) Im Sarg.
Therapeut: Dann stellen Sie sich daneben und sprechen Sie mit ihr.
Mutter: Aber sie ist doch tot.
Therapeut: Dann reden Sie mit ihr darüber.

Die Intensivierung der Arbeit kann auf vielerlei Weise geschehen. Wie in einer gewöhnlichen Unterhaltung sind genaue Einzelheiten außerordentlich hilfreich. Zum Beispiel könnte Tinas Mutter weitergebracht werden, indem man vorschlägt, daß sie das Schmerzlichste oder die scheinbar kleinsten Einzelheiten der Sterbeszene hervorholt – ein Geruch, ein Vorhang, die Beleuchtung, ein Blick. Oder vielleicht, indem man sie dazu drängt, ihrer Mutter das zu erzählen, was ihr am schwierigsten erscheint.
Wenn der Schmerz nahe ist, die Person jedoch nicht imstande ist, sich in ein Gespräch mit sich selbst einzulassen, ist das nochmalige Berichten besser als Unterbrechen. Während des Berichtens jedoch kann der Therapeut weiter auf die Begegnung mit dem Ich zusteuern: hier z.B., indem er die tote Mutter weiterhin anwesend bleiben läßt.

Tinas Mutter: Meine Mutter war eine so gute Frau.
Therapeut: Ich bin sicher, daß sie das gerne hört. Reden Sie weiter.

Eine innere Begegnung zu leiten ist genau das gleiche wie das Leiten einer anderen Unterhaltung. Die Wünsche eines jeden werden gesucht, die speziellen Botschaften werden klar und umfassend mitgeteilt.

Das Rollenspiel

Sollte die innere Unterhaltung erlahmen und der Therapeut sich sicher mit dem fehlenden Teil identifizieren, kann er das Rollenspiel als hilfreichen Hintergrund für die weitere Arbeit anwenden.

Beispiel:
In einer anderen Familie z.B. platzt ein Gatte während eines Streites mit seiner Ehefrau heraus: »Du erinnerst mich an meinen Vater. Du bist hier, aber du bist nicht wirklich da. Das geschieht die ganze Zeit.«
Der Therapeut, der sieht, daß die Frau wirklich ganz hier war, glaubt, daß die Wahrnehmung des Mannes von seiner Frau getrübt ist von dem Schatten seines verstorbenen Vaters. Er schlägt dem Mann vor, direkt mit seinem Vater zu sprechen. Der Mann versucht es.

Ehemann: (zu seinem Vater) Es ist sehr schwierig, Kontakt mit dir aufzunehmen, dich deutlich zu sehen. Ich kann sehen, wie du die Zeitung in deinem großen Stuhl liest, während ich zu deinen Füßen sitze und hoffe, daß du mir etwas sagst. So ist es immer. (Dann nach einer suchenden Pause:) Ich weiß wirklich nicht, was ich sonst noch sagen soll. (Er verfällt in Schweigen.)

Die Stimme des Mannes zittert, aber wie er selbst zugibt, hat er Schwierigkeiten, sich zu engagieren. Tatsächlich hat er bis jetzt noch gar nicht mit seinem Vater gesprochen. Er beschreibt nur den Schauplatz, so als ob er dort sei. Aber sein Unbehagen verrät, daß er dicht daran ist.

Therapeut: Reden Sie mit ihm, wenn Sie können.
Ehemann: (offensichtlich leidend) Was kann ich sagen? Wie kann ich mit jemandem reden, der nicht da ist und offensichtlich gar nicht interessiert ist. (Wiederum Schweigen.)
Therapeut in der Rolle des Vaters: Ich bin jetzt hier, und ich möchte dich hören!
Ehemann, nun in der Rolle des Sohnes: Das bezweifle ich. Alles, was ich zu sagen habe, sind schreckliche Dinge.
Therapeut in der Rolle des Vaters: Und doch möchte ich sie hören.
Ehemann in der Rolle des Sohnes: (er beginnt, sich auf seinem Stuhl zu winden) Weißt du, daß ich dich hasse! Weißt du, daß ich Verachtung für

dich empfinde? Weißt du, daß ich manchmal gewünscht habe, einen anderen Vater zu haben, einen wirklichen Vater, einen ... (Sein Schluchzen hindert ihn am Weitersprechen.)

Mit dem Abklingen seiner Traurigkeit verfällt er in Schweigen.

Therapeut in der Rolle des Vaters: Ich möchte mehr hören.
Ehemann in der Rolle des Sohnes: Ich möchte etwas hören; du sagst nie etwas!
Therapeut in der Rolle des Vaters: Ich fühle Schmerz; Schmerz, den ich vergessen hatte. Schmerz, gerade wie du ihn empfindest; mit einem Vater zu leben, der ebenfalls innerlich verschlossen war und mit mir nicht sprechen konnte. Es tut mir auch leid um den Schmerz, den ich dir zufüge, und ich bin dankbar, daß du mich dazu gebracht hast, mich daran zu erinnern.
Ehemann in der Rolle des Sohnes: Weißt du, so eigenartig es auch klingen mag, in dieser Form habe ich nie an dich gedacht. Du warst eigentlich immer derjenige, der mir etwas vorenthielt. Ich konnte dich nicht wirklich sehen, genauso wie du mich nicht wirklich sehen konntest. (Er beginnt wieder zu weinen.) Wie kann das nur enden? Wahrscheinlich mache ich das gleiche mit meinen Kindern. Wie gräßlich! Wie gräßlich! Wird es je enden?

Der Therapeut weiß, daß es endet; daß genau der wichtige Prozeß, seinem Vater gegenüber Schmerz zu empfinden und zu bekennen, sein Verhalten dem eigenen Sohn gegenüber verändern wird. Und in diesem Fall auch gegenüber seiner Frau. Manchmal verwirrt eine solche Arbeit den Therapeuten. Dann ist es für den Therapeuten am zweckmäßigsten, ein Stück für sich selbst zu arbeiten. Er kann entweder direkt mit seinem eigenen Vater oder Sohn sprechen, oder vielleicht nur irgend etwas unter Tränen über sich selbst sagen. In diesem beschriebenen Fall brauchte der Therapeut sich nur an einigen seiner eigenen Tränen zu erfreuen, als das innere Gespräch den Höhepunkt erreichte.
Am Ende einer solchen inneren Begegnung wird aufgefordert, sich das anfängliche Bild, das die innere Begegnung auslöste, nochmal anzusehen; manchmal geschieht das spontan sowieso. In diesem Beispiel, als der Mann aufhörte zu weinen, schaute er spontan seine Frau an und sagte:

Ich kann genau sehen, daß ich dir begegne wie ihm. Ich warte auf dich, daß du mir deine Aufmerksamkeit gibst, während ich innerlich brenne.

Nun frage ich mich, ob du verfügbarer bist, als ich es je gewahr wurde.

Da ein Teil der Aufgabe darin besteht, Verwandte, an die man sich erinnert, von gegenwärtigen Verwandten zu unterscheiden, ist es im allgemeinen nicht ratsam, nahestehende Familienmitglieder, wie z. B. einen Ehemann, beim Rollenspiel einzusetzen. Übertragung von beiden Seiten bringt im allgemeinen mehr durcheinander und treibt die Arbeit nicht voran.

Die modifizierte innere Begegnung

Die modifizierte innere Begegnung ist oft recht hilfreich. Sie ermöglicht, daß ein unausgesprochenes Element einer Begegnung hinzugefügt werden kann.
Beispiel:
Ein Ehemann und seine Frau erörtern recht nüchtern eine mögliche Trennung. Als sie über die möglichen schädlichen Wirkungen auf die Kinder zu sprechen kommen, streicht die Frau mit ihrer linken Hand über ihr Haar, während ihre rechte Hand sich auf ihrem Schoß verkrampft.

Therapeut: (zur Ehefrau) Ich möchte gerne, daß Sie auf Ihre Hände achten und sehen, was sie tun, aber unterbrechen Sie die Bewegung nicht. Lassen Sie jede Hand sprechen, zuerst ihre linke Hand mit Ihrem Haar.
Ehefrau: Sie sagt: Du bist einsam und brauchst meinen Trost.
Therapeut: Nun lassen Sie die rechte Hand mit Ihrem Gatten sprechen, aber lassen Sie die einleitenden Worte „sie sagt“ weg. Lassen Sie Ihre Hand sprechen!
Ehefrau: (in Tränen ausbrechend) Ich will dich nicht gehen lassen!

Eine Mahnung zur Vorsicht: Manchmal versucht jemand dem Therapeuten zuliebe, eine innere Begegnung vorzuspielen, wenn er noch nicht wirklich imstande ist, sich selbst darzustellen. Man darf die Vorspiegelung nicht lange im Raum stehen lassen.
Schlagen Sie Maßnahmen zur Erleichterung vor (Schließen Sie Ihre Augen, schauen Sie jemanden an, beschreiben Sie zunächst den Schauplatz oder die Szene). Besprechen Sie die Notwendigkeit, dem Therapeuten um jeden Preis zu gefallen, oder verlassen Sie völlig die eingeschlagene Richtung.
Sollte der Therapeut darüber enttäuscht sein, daß sein wertvoller

Trick nicht richtig funktioniert, könnte die ausgesprochene Botschaft eine sachdienliche Überleitung werden.

2. Die persönliche Betroffenheit

Die einfache Führung dauert nur solange, wie sich die Gelassenheit des Therapeuten während jeder Phase wieder erneuert und nichts zurückbleibt, was seine Teilnahme verringern oder verzerren würde. Störende Überbleibsel können positiv sein, etwa ein Gefühl von Zuneigung, Einfühlung oder Sympathie, das z. B. unangebrachte Mildtätigkeit mit sich bringt. Behindernde Überbleibsel können negativ sein, etwa ein Gefühl von Ärger, Ressentiment, Verachtung oder Abscheu, und können den Therapeuten beeinflussen, jemanden zu meiden, ungerecht Partei zu ergreifen oder überbeschützend zu werden. Behindernde Überbleibsel können neutral sein, etwa das Beschämtsein darüber, daß man nicht weiß, wie man eine Situation meistern kann; dies könnte den Therapeuten veranlassen, ungebührlich berufsmäßig und distanziert zu sein.

Verwirrte Gefühle sind nicht die einzige Möglichkeit, wie sich problematische Überbleibsel zeigen. Es gibt auch scheinbar unschuldige Gedanken (Was fängt nur ein so prima Kerl wie der mit einer solchen Schreckschraube von Frau an?), verurteilende Schlüsse (Er ist ein hoffnungsloser Fall) und berufsmäßige Diagnosen (Hmmm, ein klassischer Fall von Paranoia). Wenn der Therapeut unsicher ist, ob ein Überbleibsel seine Arbeit behindert, kann er wenigstens sicher sein, daß seine Ungewißheit ein Hindernis ist. Das laute Erforschen seiner Unsicherheit kann sie vielleicht zerstreuen.

Therapeut: (zum Ehemann) Wenn ich Ihnen so zuhöre, wächst mein Widerwille gegen Sie, und ich befürchte, daß er mir in den Weg geraten könnte, und ich nicht mehr richtig helfen kann. (Dann zu den Einzelheiten:) Trotz meiner ständigen Ermahnungen antworten Sie immer mit Erklärungen und Versprechungen, wenn jemand in Ihrer Familie Ihnen sagt, was er oder sie wünscht. Versprechungen sind für Politiker und Erklärungen für Liebende. Ich möchte, daß Sie ihnen entweder rundheraus sagen, daß Sie ihren Forderungen nachkommen wollen und es einfach nicht können, oder daß Sie es rundweg nicht wollen und nicht tun werden. (Bitten Sie um Feedback.) Ich hätte gerne eine direkte Reaktion auf mich jetzt und nicht eine weitere Erklärung oder ein Versprechen, es noch härter zu versuchen.

Der wechselseitige, persönliche Austausch wird solange weitergeführt, bis die relative Distanz des Therapeuten wiederhergestellt ist. Dann nimmt er seine Führungsrolle wieder ein und hilft vielleicht anderen Anwesenden, ihre Reaktionen auf sein Verhalten auszudrücken, das sie vielleicht für unorthodox oder aber laienhaft halten. Der Therapeut würde natürlich in Beachtung der Prinzipien des persönlichen Gesprächs über diesen Punkt nicht argumentieren; er würde lediglich ihre volle gemeinsame Reaktion hervorholen wollen. Trotz der Befürchtungen vieler Therapeuten und von Familienmitgliedern ist das Verbergen der Botschaft eine größere Gefahr als die Botschaft selbst.
Nicht alle Störfaktoren im Therapeuten entstehen als Folge dessen, was in der therapeutischen Behandlung selbst vor sich geht. Manchmal ist der Therapeut traurig, noch ehe die Familie ankommt (siehe Kap. 2, Abschn. 2) manchmal über etwas, was bei der Ankunft selbst geschieht. Ungeachtet des Wann oder Warum fordern ablenkende Einflüsse immer, sich sofort und direkt mit ihnen auseinanderzusetzen.

Beispiel:

Bei einem ersten Besuch ist der Therapeut von einer schweren entstellenden Narbe auf dem Gesicht der Mutter betroffen. Der Anblick läßt ihn zusammenfahren.

Therapeut: Da haben Sie aber wirklich eine furchtbare Narbe. Ich bin richtig betroffen. Am liebsten möchte ich Ihnen eine Menge Fragen darüber stellen, z. B. wie Sie dazu gekommen sind. Ob sie Sie quält? Ob man etwas dagegen tun kann? Aber ich weiß, das ist nur meine Art, wie ich gewöhnlich mit meinem eigenen Unbehagen umgehe. Es wäre nicht fair, gleich so zu fragen. *Ich* bin derjenige, der im Moment darüber reden muß, nicht Sie. Ich empfinde unmittelbar Mitgefühl mit Ihnen und das wird mich wahrscheinlich Ihnen gegenüber etwas nachgiebiger machen. (Das auszusprechen, vermindert das Risiko.) Hoffentlich nicht! Wir werden sehen. Ich möchte gerne wissen, ob es Sie verletzt, wenn ich so direkt über die Narbe mit Ihnen rede. Ich bin sicher, daß wenige Sie genauso freimütig darauf ansprechen würden wie ich es tue.

Bringen Sie Einzelheiten und nochmal Einzelheiten! Bitten Sie um Feedback und nochmal um Feedback!

Mutter: Es bringt mich schon ein wenig aus der Fassung.
Therapeut: Das tut mir leid. Ich vermute, daß viele die gleiche Reaktion zeigen würden wie ich und doch nichts sagen.
Mutter: Oh, da bin ich sicher!
Therapeut: Ich halte es für besser, Reaktionen, wie die meinige, sofort zutage treten zu lassen. Mir hilft es, die Spannung loszuwerden.
Mutter: Ich finde es jetzt auch nicht mehr so schlimm, oft weiß ich nicht, ob die Leute nur deswegen freundlich zu mir sind.

Damit ist der Schmerz des Therapeuten im wesentlichen überwunden. Der übrigbleibende Rest hält ihn auf das Thema gerichtet, wobei er gleichzeitig sich in Richtung auf eine Familienunterhaltung zuzubewegen beginnt.

Therapeut: Wie steht es mit Ihrer Familie? Haben Sie je den Verdacht gehabt, daß sie Sie bemitleidet?
Mutter: (zögernd) Nein ... eigentlich nicht.

Der Therapeut hört heraus: »Ja, manchmal.« Aber er zieht es vor, sich in Richtung auf eine Familienunterhaltung zu bewegen, indem er die anderen in das Gespräch einbezieht.

Therapeut: Das hätte ich jetzt gerne einmal von den übrigen gehört! Bereitet die Narbe Ihnen Unbehagen?
Vater: Sie hat sie schon so lange; ich bemerke sie kaum noch.

Die Unterhaltung bleibt so lange bei diesem Thema, bis alle es neutralisiert haben, oder bis es einer Angelegenheit von größerer Wichtigkeit weicht, etwa wie sie einander ansprechen, wenn sie miteinander reden. Oder, wie hier vorgeschlagen, die Wirkung auf andere Familienmitglieder, was natürlicherweise zu anderen Themen führt, die für die Familie Bedeutung haben.
Störungen bei irgendeinem Teilnehmer während des Gesprächs (einschließlich dem Therapeuten) gehören zum Gespräch. Sollte das Thema das ausschließliche Anliegen des Therapeuten sein, kann er, wenn es beendet ist, offen und freimütig bekennen:

Nun, damit haben wir eines meiner Probleme erledigt, jetzt bin ich bereit für ein anderes. Dieses Mal schlagen Sie eines vor.

Die persönliche Reaktion des Therapeuten ist nicht nur auf Aufdeckungen beschränkt, die zu versäumen dem therapeutischen Prozeß schaden könnte. Persönliche Reaktionen sind auch ein Teil des authentischen Verhaltens des Therapeuten, und er bringt sie nach seinem Ermessen ein. Behindernde persönliche Reaktionen, gewöhnlich solche, die der Therapeut am liebsten ausschließen möchte, *müssen* offengelegt werden: Das Mitteilen harmloser persönlicher Reaktionen dagegen steht in seinem Belieben. Beiläufige, harmlose persönliche Reaktionen lassen den Therapeuten zu einer lebendigen Person werden und machen die Therapie weniger gekünstelt. Sie können auch einen wohltuenden Einfluß auf die Familienmitglieder ausüben. Z.B. kann ein anerkennendes Wort über die Bemühungen eines Kindes, mit seinen Eltern zu sprechen, für dieses eine hilfreiche Ermunterung sein.

Aber solch ein Kommentar muß eine persönliche Antwort sein und nicht eine Angelegenheit beruflicher Routine. Die Ehrlichkeit der Anteilnahme des Therapeuten ist der springende Punkt.

Das folgende Beispiel fährt fort mit Tinas Eltern und demonstriert, was gewöhnlich die schwierigste, jedoch häufigste persönliche Reaktion ist, die der Therapeut aufzudecken hat: Frustration.

Als Folge der inneren Begegnung beginnen die chronischen Depressionen der Mutter zu verschwinden. Sie kleidet sich besser, wird lebhafter und ist viel engagierter ihrer Familie gegenüber. Aber die Familienschwierigkeiten wurzelten nicht ausschließlich in ihrem Zurückgezogensein. Dies konnte man von Anfang an vermuten. Ehe ein Kind von zu Hause fortläuft, muß es einen ernsthaften und chronischen Defekt in der Familienstruktur geben. Überdies: Wenn einer Mutter erlaubt wird, in ununterbrochener Depression zwei Jahre lang dahinzusiechen, ist ihre Krankheit offensichtlich auch eine Folge und nicht nur eine Ursache des Übels. Ein anhaltend mit Symptomen behaftetes Familienmitglied signalisiert ein Familienmilieu, das nicht in Ordnung ist. Tinas Fortlaufen war das erste vernehmbare Signal, aber nicht das erste Signal überhaupt in diesem belasteten Zuhause. Mutter und Vater beginnen ihr Zuhause wieder aufzubauen. Während sie verschiedene Themen erörtern, brechen ihre Verhandlungen häufig ab, und notwendige Gespräche werden nicht zu Ende geführt. Jetzt ist die Mutter diejenige, die Probleme zu erörtern versucht, etwa das beständige Streiten der Kinder untereinander, während ihr Mann wie zu Beginn auszuweichen versucht. Je spezieller sie wird, desto allgemeiner wird er; je lebhafter sie wird, desto gleichgültiger scheint er zu sein.

Der Therapeut hat alles versucht, was ihm einfiel, um diesen toten Punkt zu überwinden: angefangen beim Aufzeigen seines Ausweichens, jedesmal, wenn es vorkam, bis hin zu dem Vorschlag an seine Frau, ihm auf andere Weise entgegenzukommen. Nichts fruchtet. Der Therapeut teilt dem Mann seine wachsende Erbitterung mit.

Therapeut: Verdammt noch mal, nichts hilft! Erklärungen, Ermutigungen, sanfte Worte, harte Worte, nichts hilft! Absolut gar nichts! Ihre Frau schreit geradezu nach ihrer Mitarbeit in dringenden Familienangelegenheiten, und alles, was Sie uns auftischen, sind Phrasen und Ausflüchte. Ich weiß nicht, was zum Teufel ich mit Ihnen anfangen soll!

Ehemann: Was kann denn daran falsch sein, wenn man versucht, nett zueinander zu sein?

Therapeut: (ärgerlich) Weil Ihre Nettigkeit gar nicht nett ist. Sie löst nichts und Ihre Familie gerät in ein Durcheinander und wird unglücklich. Aber das Ganze sind wir ja schon einmal durchgegangen, und offensichtlich bedeutet Ihnen das gar nichts.

Einzelheiten sind immer in Ordnung.

Wenigstens ein Dutzendmal habe ich Ihnen gesagt, Sie sollen aufhören, Fragen zu stellen, und doch stellen Sie sie. Ich beantworte sie, und Sie stellen die gleiche noch einmal. Wenn ich der Ansicht wäre, Sie wären dumm, könnte ich Ihnen verzeihen, aber Sie sind nicht dumm. Sie sind ein ausweichender Idiot! Mir ist es völlig gleich, daß Sie diese Art des Benehmens gelernt haben, ehe Sie es besser hätten wissen können. Jetzt ist es an der Zeit, mal etwas dagegen zu tun, und Sie versuchen es nicht einmal. Sie machen weiter in Ihrer absurden, blinden Weise.

Die Worte sind für den Mann, der Affekt ist für den Therapeuten bestimmt. Da Meckern und Brummen außer Mode sind, müssen Menschen Worte finden, um ihrem Ärger Ausdruck zu verleihen. Es ist besser, wenn die Worte eine weiterweisende Botschaft enthalten, wenn das aber nicht möglich ist, Worte und Affekt trotzdem loszulassen: Scheiße! Zum Teufel! Verdammt nochmal! und andere Kraftausdrücke haben ihren Wert darin, angestaute Aggressionen abzureagieren.

Eine Warnung: Flüche und Schimpfwörter müssen frisch sein. Wenn sie routinemäßig verwandt werden, werden sie zu Klischees und haben keine Wirkung mehr.
Nach der Entladung wird des Therapeuten Anteilnahme zu einer Mischung von Trümmerbeseitigung und Führung. Zum Feedback zu veranlassen ist der erste Führungsschritt, falls es nicht spontan dazu kommt.

Therapeut: Nun! Sagen Sie etwas Nettes zu mir!
Ehemann: (lächelnd) Was ist da schon zu sagen? Sie dürfen da Ihre eigene Meinung haben.
Therapeut: Und Sie dürfen die Ihrige haben, und ich wüßte sie gerne!
Ehemann: Ich tue mein Bestes.
Therapeut: Jeder tut das, das ist keine Antwort.
Ehemann: Was sollte ich Ihnen denn sagen: Ich werde mich bemühen, es besser zu machen?
Therapeut: Nein. Ich bin an Versprechungen nicht interessiert. *Sie* interessieren mich: Ich möchte wissen, was in Ihnen jetzt gerade vorgeht.

Intensives persönliches Einsteigen wird nicht so leicht ohne die Folge einer intensiven Reaktion bleiben. Das Geben und Suchen intensiver persönlicher Reaktionen führt oft zur Überwindung des toten Punktes.

Ehemann: Ich bin natürlich aufgebracht.
Therapeut: Lassen Sie uns etwas darüber hören.
Ehemann: Ich gerate immer durcheinander, wenn die Dinge emotional werden.
Therapeut: Ich bin nicht am Immer interessiert. Ich bin am Jetzt interessiert.
Ehemann: Nun, jetzt rebelliert gerade mein Magen.
Therapeut: Und sagt was ... ?
Ehemann: Ich fürchte mich.
Therapeut: Machen Sie weiter. Einzelheiten bitte!
Ehemann: Ich bin mir nicht sicher ... Ich habe Angst, etwas zu verlieren ... als wenn ich ausgelöscht werde ... (lächelnd) erinnert mich an Zuhause.
Therapeut: Genaue Einzelheiten bitte! Und ohne das Grinsen. Wann? Wo? Und mit wem? Geben Sie das erste Bild an, das Ihnen in den Sinn kommt.

Der Mann ist vom ausweichenden Verhalten zu dem, was darunter-

liegt, gekommen. Der Therapeut, dessen Gleichgewicht wieder hergestellt ist, lenkt nun den rebellierenden Magen, indem er Einzelheiten sammelt, welche die Botschaft verfeinern, und zusieht, daß sie an die richtige Adresse geht.
Das heftige Aus-sich-Herausgehen des Therapeuten kann mehr bewirken, als nur eine Erleichterung für ihn, die ihm wieder ermöglicht zu führen. Es kann wie jeder persönliche Ausdruck zum weiteren Gewahrwerden seiner selbst führen. So könnte ihn seine ausgedrückte Frustration dazu bringen, daß er einen intensiven zeitlebens übertriebenen Druck, hilfreich zu sein, bemerkt. Ein Älterer-Bruder-Syndrom kann ihn plötzlich durchzucken und ihn in eine schmerzliche Bewußtheit stürzen. Dann ist es am besten für ihn fortzufahren, sich selbst zu offenbaren. Er kann mit dieser Familie über sich selbst sprechen oder die Wurzel der Traurigkeit angehen, indem er augenblicklich sich seine eigene innere Begegnung ermöglicht.
Der Therapeut, der sich selbst so behandeln kann, wie er jedes Familienmitglied, mit dem er arbeitet, auch behandelt, schafft die optimale Atmosphäre. Er verlangt von sich selbst nicht weniger als von anderen, und das ist die kraftvollste Einladung zu persönlichem Wachstum.

3. Der anteilnehmende Leiter

Erfolgreiche Leitung wird an ihrer Effektivität erkannt; adäquate persönliche Anteilnahme wird an der Erleichterung erkannt, die sie dem Therapeuten verschafft. Beides miteinander zu vereinbaren, d.h. effektives anteilnehmendes Leiten ist das Ergebnis der schöpferischen Fähigkeit eines Therapeuten. Zunächst einige Gedanken über effektives Leiten.

Effektives Leiten

Leiten erfordert mehr, als das Wissen um theoretische Prinzipien im rechten Augenblick anzubieten: es erfordert Geschäftstüchtigkeit. So beleidigend das für den standesbewußten Therapeuten klingen mag, man sollte es offen betrachten. Um Einfluß zu haben, muß der

Therapeut sein spezielles Wissen zum jeweils richtigen Zeitpunkt so vermitteln, daß es auch ankommt. Zu dem einen mag er sanft sprechen, zum anderen in besonders vernünftig klingender Weise, zum dritten mit durchdringender Predigerstimme. Zu jedem muß er anders und zu verschiedenen Zeitpunkten sprechen. Der Therapeut ringt um den Ton, der ankommt, und um Worte, die treffen.
Eine Ehefrau und ihr Mann gehen ihrer Unzufriedenheit nach. Auf den von der Ehefrau ausgesprochenen Wunsch nach persönlicherer Antwort reagiert der Mann konstant eher wie ein Handlungsreisender als wie ein Ehemann. Er ist ununterbrochen freundlich und hilfsbereit. Beachten Sie die folgenden vier abgestuften Interventionen, die im wesentlichen das gleiche aussagen:

1. *einfach*

John, Ihre Ehefrau möchte Ihre persönliche Antwort, auch wenn sie vielleicht negativ sein mag. Statt dessen bringen Sie ihr freundlich Blumen und bieten ihr einen Nachrichten-Service an.

2. *verfeinert*

Ich weiß, daß Sie Ihre Ehefrau lieben. Sie weiß es auch. Aber es zu wissen, reicht nicht aus. Sie erfährt es nicht wirklich. Ihr zu geben, um was sie bittet, und zu tun, was sie wünscht, ist nicht alles, was Liebe ausmacht. Sie muß Ihre Wünsche kennen, obwohl Sie vielleicht den ihrigen entgegenstehen, und Ihre Einwendungen, obwohl sie ihr Schmerz verursachen können. Es sind die tieferen, persönlicheren Ausdrucksformen der Liebe, um die sie bittet, wenn sie Ihnen sagt, daß sie nicht genügend von Ihnen bekommt. Sie meint damit *von Ihnen.*

3. *lenkend*

Genug über die Wünsche, die sie hat, John. Ich möchte Ihre Wünsche hören. Was möchten Sie von ihr? Was macht sie, das Sie nicht gerne sehen? Sie kann nicht vollkommen sein. Sagen Sie ihr, was Sie vermissen.

4. *provozierend*

Wann, zum Teufel, werden Sie endlich damit herausrücken, was *Sie* wollen, statt daß Sie ihr immer all diesen Unsinn abnehmen, als ob ihr einziger Wunsch wäre, ihre Lieblingstoilette zu sein?

Die Bemerkungen auszuwählen, die am ehesten etwas in Gang bringen, lernt man am besten durch persönliche Begegnung mit dem betreffenden Menschen. Wenn Vernünftigkeit zu passivem Verstehen führt, muß man sie vermeiden. Wenn Ermutigung zum Handeln anregt, wird sie angeboten. Wenn Konfrontation die notwendige Antwort hervorruft, dann Konfrontation. Wenn ein Familienmitglied stärker auf eine sanfte Botschaft anspricht, ein anderes mehr auf Konfrontation, wird der Therapeut vielleicht der Begünstigung bezichtigt werden. Wenn der Vorwurf stimmt, gesteht der Therapeut dies ein und sagt, wenn er will, was er an dem anderen Familienmitglied lieber mag. Wenn der Vorwurf nur eine Reaktion ist auf seine unterschiedliche Annäherung einem jeden gegenüber, sagt er z. B. einfach:

Sie hört zu, wenn ich rede, *Sie* aber nicht.

Integration des persönlichen Elements

Kommentare müssen ein gewisses Maß persönlicher Unruhe mit zum Abklingen bringen: nicht zuviel, nicht zuwenig. Zuviel Erleichterung mag den Therapeuten dazu führen, an weiterer Verfolgung des Problems desinteressiert zu werden, obwohl noch weiterhin Druck nötig wäre. Zu wenig Erleichterung kann die Ursache dafür sein, daß der Therapeut im weiteren Verlauf den Überblick verliert. In den 4 verschiedenen Beispielen, die oben zitiert sind, ist im wesentlichen die gleiche Botschaft ausgesagt, aber die Notwendigkeit für eine Erleichterung des Therapeuten wurde überhaupt nicht in Betracht gezogen. In Wirklichkeit ist es so, daß der Therapeut vielleicht gerade eine Tonne Explosivstoff zur Erleichterung loswerden möchte, während das angesprochene Familienmitglied vielleicht einen Löffel Honig zur Stärkung brauchte – oder umgekehrt: Der Therapeut ist honigsüß und doch weiß er, daß er, um gehört zu werden, lautstarke Ermahnungen loslassen sollte.

Das »Süßen des Topfes« (Modifikation von Beispiel 1, oben)

Außergewöhnliche Spannung im Therapeuten kann modifiziert werden durch Verallgemeinern, Vorreden halten, in Gleichnissen reden,

Humor oder einfach durch direkte Enthüllung des Problems. Der Therapeut wählt die Art aus, die seiner Persönlichkeit am gemäßesten ist und die sein Irritiertsein auflöst.

Verdammt nochmal, John. Ich weiß, daß Sie Ihre Frau lieben, aber keine Frau kann von Nettigkeiten allein leben. Die meisten Männer sind tausendmal abscheulicher, als Sie zu Joan sind, und die Frauen beklagen sich weniger. Jede gute Frau benötigt hin und wieder eine Beschimpfung. Verdammt noch mal! Ich wünschte, Ihr Vater hätte Ihnen das beigebracht. Wo zum Teufel war er? Antworten Sie nicht, im Augenblick interessiert er mich nicht wirklich!

Dann, wenn der Dampf abgelassen ist, können Bemerkungen hinzugefügt werden, die mehr Licht und weniger Hitze bringen.
Den Empfänger oder andere Familienmitglieder um Hilfe zu bitten, läßt die Realität offenbar werden, daß niemand reiner Therapeut oder reiner Patient ist; zusätzlich kann es ermunternd und instruktiv sein für eine Person, die sich oft unpassend fühlt und doch nicht um Hilfe zu bitten wagt.

John, bei Ihnen werde ich so verdammt frustriert. Am liebsten möchte ich Sie anschreien, aber ich möchte nicht, daß Sie schweigend vor sich hinschmollen, wie Sie es zuvor schon getan haben, als ich Dampf abließ. Wissen Sie, es ist wirklich eine Qual anzusehen, wie Sie einfach nicht sprechen, und nicht imstande zu sein, Ihnen zu helfen, Ihre Zunge zu lösen. Zum Teufel, ich weiß nicht, was ich tun soll. Können Sie mir helfen?

Während eines solchen Prozesses kann der Therapeut etwas über sich selbst lernen, das dem Familienmitglied zumindest ein lebendiges Beispiel gibt, wie man sich ausdrückt. Im günstigsten Fall stimmt es genau mit der inneren Not des Familienmitgliedes überein.

Mir wird, während ich mit Ihnen rede, John, klar, daß ich mich über meine Hilflosigkeit ärgere. Ich habe nie zuvor darüber nachgedacht, aber es scheint richtig zu sein. Es tut mir gut, es zu sagen. Ich mag Sie und möchte Ihnen gerne von Nutzen sein. Ich kann es einfach nicht aushalten, daß ich nicht imstande bin, Ihnen das zu geben, was Sie benötigen. Vielleicht fühlen Sie sich Joan gegenüber manchmal ähnlich?

Geschäftstüchtigkeit erfordert keine Täuschung oder Heuchelei. Die besten Verkäufer glauben an ihre Produkte. Die Glaubwürdigkeit und Echtheit des Therapeuten ist immer noch das Wichtigste. Wenn er jedoch auf der soliden Grundlage seiner Echtheit steht, dann ist wahrscheinlich eine weit größere Vielfalt von Interventionen verfügbar, als gemeinhin eingesetzt wird. Die meisten Therapeuten würden gut daran tun, diese Fähigkeit zu üben.

Wie der Therapeut auf Touren kommt

Aus früheren Erfahrungen mit Paul ergibt sich, daß die harte Konfrontation den besten Erfolg bewirkt (Beispiel 4, oben). Aber in diesem Augenblick fühlt sich der Therapeut entweder milde oder ehrlich desinteressiert. Am besten ist es, seinen Blick auf diesen Aspekt seiner selbst zu richten und ihn in bezug zu setzen zu dem, was Paul braucht.

Wissen Sie, Paul, ich kann sehen, daß ich Sie wieder einmal treten müßte, um Ihren Kopf daran zu erinnern, besser darauf zu achten, was zwischen jenen beiden Punkten ist; aber ich möchte jetzt nicht so mit Ihnen darüber reden und vielleicht nie wieder, obwohl Sie darauf ansprechen. Ich möchte gerne, daß Sie ein wenig mehr ansprechbar werden für andere Möglichkeiten, mit Menschen umzugehen. (Dann zur Antwort aufrufend:) Irgendwelche Vorstellungen, wie wir das erreichen könnten?

Eine weiterführende Hilfe:

Paul, Ihre Tochter Peggy ist jetzt fast erwachsen, und sie möchte oft mit Ihnen sprechen und Ihnen Dinge mitteilen, aber sie weicht eher zurück, als daß sie Sie anschreit, ihr zuzuhören. Wir sprachen schon darüber, als wir es hier sahen.

Hilfe von der übrigen Familie zu erlangen, ist immer eine gute Idee.

Was meinen Sie, Peg? Vielleicht können Sie etwas mehr zu Ihrem Vater sagen darüber, was seine Dickköpfigkeit bei Ihnen auslöst.

Alles zusammenzukriegen, ist mehr eine Sache des Mutes als der Geschicklichkeit. Die Versuchung auszuweichen, den einen oder anderen Aspekt der Intervention auszuschließen, ist groß: weil dann alles klarer und vorhersagbarer ist; aber dann hat die Arbeit viel weniger Schwung und ist mit Sicherheit weniger kreativ.

4. Lebendig bleiben: Die ganze Botschaft

Mit der Zeit hören die Therapeuten auf, nach neuem zu suchen und setzen sich mehr oder weniger bequem in ihrem eigenen persönlichen Arbeitsstil zur Ruhe. Es bleibt zum Nutzen des Therapeuten wie der Familien, mit denen er arbeitet, nur zu hoffen, daß sein Stil wenigstens ein paar Mechanismen enthält, die seine eigene Entwicklung weiterbringen: irgendwelche Anreize, die seine Arbeit für ihn weiter aufregend sein lassen; irgend eine Herausforderung, um Trägheit und Stagnation zu vermeiden, die von jeder sich wiederholenden Tätigkeit kommt, kurzum, ein Mittel, schwierige Situationen auf frische und produktive Art und Weise anzugehen. *Die ganze Botschaft* kann vielleicht das Instrument dazu sein.

Der Wert des gesprochenen Wortes ist im ganzen Buch immer wieder gerühmt worden. Es ist nicht nur ein Mittel, den Pfad des Verbundenseins hinabzuschlendern, sondern es ist auch eine Möglichkeit, sein eigenes Bewußtsein zu erweitern. Es ist allerdings nicht immer leicht für eine Person, auch wenn sie die Botschaft und ihr Ziel kennt, sie wirklich weiterzugeben. Die Schwierigkeit (und das Heilmittel) gilt gleicherweise für die Familienmitglieder und die Familientherapeuten.

Ganz gleich, wie schrecklich der Inhalt der Mitteilung und wie wunderlich die Erklärung auch sein mag, ein Zögern, etwas auszusprechen, zeigt dies mit Sicherheit an: daß nämlich die Botschaft unvollständig ist. Ganze Botschaften sind weder tödlich noch gefährlich. Hier folgen einige übliche Halbbotschaften mit den sie begleitenden Erklärungen.

Ich würde diese Familie verlieren, wenn ich ihnen sagte, für wie dumm ich sie halte.

Einer Familie sagen oder raten, sich aufzulösen? Niemals! Ich könnte es vielleicht denken, aber ich würde mich wie ein Verbrecher fühlen, der versucht, Gott zu spielen, wenn ich so etwas je sagen würde.

Wie kann ich einer Familie sagen, daß ich nicht weiß, was ich machen soll, und von ihnen noch erwarten, mit mir zusammenzuarbeiten? Ich wäre doch ein Idiot, wenn ich das erwarten würde.

Wie kann ich ihnen sagen, daß mein Mann und ich das gleiche Problem haben. Sie würden ihr Vertrauen in mich verlieren.

O.k., ich hasse also den Vater. Wenn ich es ihm sagte, würde er nie wiederkommen, und wo stünden wir dann?

Familienmitglieder legen sich gegenseitig auch mit halben Botschaften lahm.

Ich fürchte mich davor, meiner Frau zu sagen, daß ich sie manchmal überhaupt nicht liebe. Das wäre das Ende.
Wenn ich meinem Chef sagen würde, für was für einen Idioten ich ihn hielte, würde er mich auf der Stelle entlassen.
Wie kann ich meinen Kindern sagen, daß ich am liebsten gar keine Mutter wäre; sie würden das nie verstehen.
Meiner alten Mutter sagen, daß ich meine Kindheit hasse? Was hat es für einen Sinn, die alte Dame zu verletzen?

Die ganze Botschaft

Das Problem ist nicht der Inhalt der Mitteilung, wie viele vermuten, sondern vielmehr die Tatsache, daß sie unvollständig ist. Nehmen wir den einfachen Gedankengang: »Ich hasse dich, aber ich wage nicht, es dir zu sagen aus Angst, daß du mich dann nicht mehr leiden magst.« Zu sagen: »Ich hasse dich«, würde eine halbe Botschaft sein und könnte vielleicht unerwünschte (und nicht notwendige) Rückwirkungen haben. Die ganze Botschaft lautet: »Ich hasse dich, aber ich fürchte mich davor, es dir zu sagen, weil ich immer noch deine Freundschaft möchte« (oder: »Ich befürchte, du wirst mir wehtun, wenn ich es sage.«). Das ist der Kern der ganzen Botschaft: Haß *und Wunsch* (oder Furcht).
In Wirklichkeit ist es nicht einmal die »schmutzige« Hälfte der Botschaft, die eine Gegenreaktion hervorruft. Jeder, unabhängig davon, was er an der Oberfläche vorgibt, kann eine negative Bemerkung schlucken. Verrückterweise ist es das *Nichtvorhandensein* des ungesprochenen Teiles, das die Schwierigkeiten entstehen läßt. Das Nichtvorhandensein erzeugt ein ungemütliches Geheimnis und entmenschtlicht beide Parteien. Es ist der *ausgesprochene* Wunsch bzw. die *ausgesprochene* Furcht, die sowohl die Botschaft wie auch den Boten lebendig werden läßt. Kein Empfänger, egal wie sehr er die Botschaft mißbilligt, könnte einen solchen Sender leicht fallen lassen. Die größte Gabe, die man von einer anderen Person empfangen

kann, ist seine aufrichtige Selbstoffenbarung. Irgendwo tief innen weiß das jeder.
Jetzt wollen wir auf eine fürchterliche Halbbotschaft eines Therapeuten zurückkommen und sehen, wie sie aussieht, wenn sie vollständig ist.

Ich glaube, ihr seid alle dumm (und ich fürchte, euch zu verlieren, wenn ich es euch sage).

Daraus wird:

Ich möchte mit euch allen weiterhin zusammenarbeiten, aber ich denke oft, daß ihr dumm seid, und ich fürchte, daß – wenn ich es sage – ihr euch weigert, weiterhin mit mir zusammenzuarbeiten.

Das Eingehen auf die Einzelheiten, die zu der Diagnose der Dummheit führen, und die Aufforderungen zum Feedback vervollständigen die Sequenz.
Wenn kein Wunsch besteht, mit der Familie zusammenzuarbeiten, ist die ganze Aussage (oder Botschaft) vermutlich ein wenig länger und aufregender.

Ich möchte mit euch nicht weiter zusammenarbeiten, und ich fühle mich ein wenig dumm, daß ich euch das nicht so einfach sagen kann und für euch nicht einfach eine Weitergabe arrangieren kann. Das Warum möchte ich nicht diskutieren, obwohl ich weiß, daß es ein wenig unfair aussehen muß. Sogar diese Aussage ist für mich schwierig. Ich finde mich deshalb selbst gräßlich. Wer möchte gerne weiterhin mit einem Therapeuten zusammenarbeiten, der so durcheinander ist wie ich. Ich würde das gewiß nicht wollen. So! Jetzt ist mir besser! Nun, was mich hinsichtlich der Zusammenarbeit mit euch bedrückt, ist ...

Solch ein freimütiges Sich-Öffnen kann auch zur eigenen Erleuchtung führen, indem es den Eindruck, die anderen seien dumm, in die Erkenntnis der eigenen Inkompetenz verwandelt. So wird ein erfrischender, neuer Ausgangspunkt ermöglicht.
Ein weiteres Beispiel:

Ich weiß nicht, was ich tun soll (und ich fühle mich wie ein Idiot).

Daraus wird:

Im Augenblick weiß ich nicht, was ich tun soll, und ich fühle mich wie ein Idiot, weil Sie ja hierherkommen in der Erwartung, daß ich es weiß.

Familientherapie ist für mich Neuland, und ich gerate oft ein wenig durcheinander. Aber ich glaube daran. So! Es ist schwer, das zu sagen. Und ich weiß immer noch nicht, worüber wir reden sollen. Mein Lehrbuch rät mir, Sie jetzt zu fragen: Können Sie mir helfen?

Eine der anwesenden Personen unterstützt und hilft vielleicht, eine andere schlägt vielleicht vor, mit etwas weiterzumachen, während eine dritte ihnen gegenüber vielleicht Skepsis an den Tag legt. Ein jeder ist vielleicht eine Zeitlang ratlos. Alles dies sind aufregende Ansatzmöglichkeiten zum Auffinden der nächsten ganzen Botschaft. Ganze Botschaften übermitteln Schmerz, nicht Verachtung; ganze Botschaften bringen den Wunsch nach einer Lösung zum Ausdruck, obwohl sie vielleicht von einer Auflösung sprechen; ganze Botschaften suchen Erleichterung, nicht Rache. Ein jeder kann lernen, ganze Botschaften zu übermitteln. Ein jeder kann sie anhören. Ganze Botschaften regen Unterhaltungen an. Ganze Botschaften wecken neue ganze Botschaften.

Die Abwandlung einer ganzen Botschaft

Ganze Botschaften gebären keine Wiederholung: Sie wachsen über sich selbst hinaus. Das Folgende zeigt am Beispiel die Entwicklung einer einfachen, persönlichen Intervention – das Eingeständnis von Langeweile.

Anfänglich ist der Gedanke vielleicht ungemütlich und die ganze Mitteilung lautet vielleicht folgendermaßen:

Ich schäme mich ein wenig, wenn ich Ihnen jetzt mitteile, daß ich mich dabei ertappe, ein wenig gelangweilt zu sein, während ich zuhöre, wie Sie zwei Ihr Problem erörtern. Ich bin nicht sehr daran interessiert, worüber Sie sich unterhalten und doch habe ich Ihnen nichts Besseres anzubieten außer meiner Langeweile. Es tut mir leid!

Mit der Wiederholung wird die sorgfältig durchdachte Verschönerung und die Beschämung allmählich verschwinden, und die ganze Mitteilung, für sich allein, kann dann einfach lauten:

Ich höre nicht zu!

Eventuell aber wird der Therapeut, wenn alle möglichen Variationen ausgedrückt und alle verfügbaren Antworten eingebracht sind, von Langeweile über seinen eigenen Langweiltrip befallen werden, und er beginnt in seiner unmittelbaren Umgebung nach etwas Besserem zu suchen. Dann wird er wahrscheinlich einige der spezifischen Ursachen auffinden.

Ich werde schläfrig durch die Art, wie Sie miteinander reden. Es ist alles so flach und wenig anregend: so, als ob in Wirklichkeit keinem das Thema auch nur einen Pfifferling wert wäre – oder vielleicht sogar Sie sich gegenseitig.

Schließlich weicht die Langeweile vollständig aus der Stimme und der Vorstellung des Therapeuten und läßt Handeln zurück, das aus dem Erleben erwächst.

Diese Unterhaltung ist mir zu flach. Ich schlage vor, wir reden über ...

Mit dem unmittelbaren Erleben einer Person – wie sie sich fühlt, was sie denkt, was sie sieht – als einer nicht endenden lebensspendenden Quelle, zeigen ganze Botschaften einen Weg auf, wie man, obwohl erfüllt mit Schrecken, den für einen ganz persönlich fruchtbaren Augenblick erreichen kann, in dem man sich entscheidend weiterentwickelt. Wenn die *ganze* Botschaft mit der *ganzen* Kraft des sie begleitenden Gefühls ausgedrückt und unmittelbar, wenn auch manchmal zögernd, dem Adressaten übermittelt wird, dann öffnet sie so für Familien und ihre Therapeuten die Tür zu in sich weiterführenden unermeßlichen Wachstumsmöglichkeiten und zu gegenseitiger Bezogenheit, die keines Symptoms mehr bedarf.

dialog und praxis

Bausteine des modernen Lebens – Bücher zur Psychologie, Therapie und Lebenshilfe

dtv 15000

dtv 15001

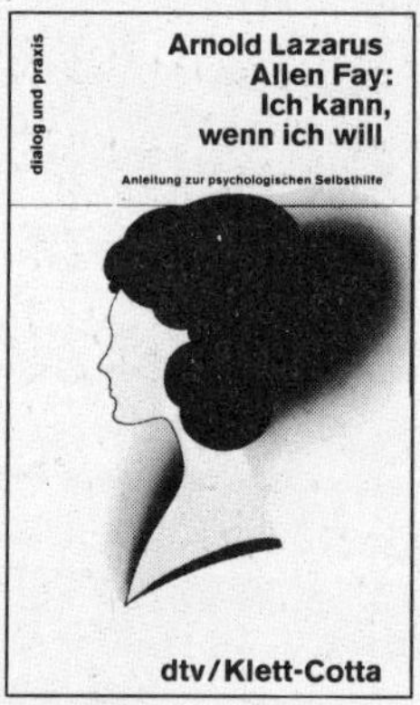

dtv 15002

dtv 15003

dtv 15004

dtv 15005